AF591630

CHARLES-PAUL LÉGER

LA MOTTE TILLY EN 1793

TROIS PROCÈS

DEVANT

LE TRIBUNAL RÉVOLUTIONNAIRE

Cet ouvrage a été doté d'un Premier Prix d'Histoire locale par la Société Académique de l'Aube

2e ÉDITION

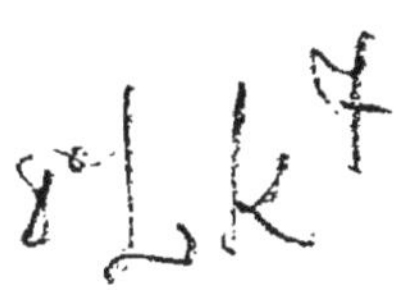

CHATILLON-S-SEINE
IMPRIMERIE TH. LEGROS

1923

LA MOTTE TILLY EN 1793

TROIS PROCÈS

DEVANT LE TRIBUNAL RÉVOLUTIONNAIRE

CHARLES-PAUL LÉGER

LA MOTTE TILLY EN 1793

TROIS PROCÈS

DEVANT

LE TRIBUNAL RÉVOLUTIONNAIRE

Cet ouvrage a été doté d'un Premier Prix d'Histoire locale par la Société Académique de l'Aube

2e ÉDITION

CHATILLON-S-SEINE
IMPRIMERIE TH. LEGROS

1923

PREMIÈRE PARTIE

Les Seigneurs

La Motte Tilly, dont le nom fut *Tilly* pendant tout le Moyen Age, est cité dès le neuvième siècle sous le nom de *Tillide*, dans le *Liber Sacramentorum* de la Bibliothèque de Stockolm découvert par M. Quentin, archiviste de l'Yonne, en 1860.

Dans les chartes des Abbayes régionales du onzième au quatorzième siècles sous les noms de *Tillicum Tillia um, Tilliace, Tillia* et *Tilly*.

Dans une charte de *Sellières* en 1474, parait pour la première fois, *La Mothe de Tilly*.

L'histoire de la seigneurie et du comté de La Mothe Tilly, fait, de notre part, l'objet d'une étude que nous avons, en décembre 1917, présentée au concours d'histoire locale, à la Société Académique de l'Aube.

Notre docte Société Départementale lui a octroyé un premier prix en la retenant pour la publier dans l'un de ses mémoires des années subséquentes.

Nous lui abandonnons donc le soin de cette publication.

Mais pour l'intérêt des lecteurs du présent ouvrage nous citerons, ici, les noms des dignitaires de ces seigneurie et comté, que nos recherches nous ont permis de découvrir, et qu'ont abrités les trois châteaux qui se sont élevés successivement à La Motte Tilly.

Le premier connu est *Jehan de Tilly* qui vivait en 1263 ; plusieurs terres de son domaine étaient mouvantes de Dreux seigneur de Trainel.

Au siècle suivant, la seigneurie de Tilly, appartient aux seigneurs de Trainel *Jehan Ier* et *Marie de Brabançon*, sa femme.

Ils la transmettent en 1360 par le décès de Jean Ier à leur fille *Marguerite de Trainel*, épouse de *Robert de Chateauvillain*, qui fonde dans le château en 1365, une chapelle dédiée à sainte Marguerite.

En 1370, après la mort de Robert de Chateauvillain, sa veuve et son fils, Jean de Chateauvillain, cèdent la maison, terre et forteresse de Tilly à *Guillaume de Melun*, archevêque de Sens, qui leur baille en échange, sa maison et forteresse de Saligny lez Sens.

Vingt ans après, à la mort de l'archevêque, son neveu, *Jehan de Mornay*, seigneur de Trainel, époux de *Marie d'Amilly*, hérite de la terre de Tilly, laquelle retourne ainsi dans le domaine des seigneurs de Trainel.

Après ceux-ci, c'est *Pierre des Essarts* en 1412. Aufauvre, dans l'*Histoire de Nogent*, semble lui attribuer l'édification du château-fort, sur les bords de la Seine, qui remplaça la première forteresse féodale.

Son successeur, *Jehan de Pouligny*, descendait de Pierre de Pouligny, garde du scel de la prévôté de Trainel au temps de Saint-Louis.

Jehan de Pouligny décède en 1470 sans ascendants, ni descendants, ni conjoint survivant. La succession revient alors, par droit d'aubenage (aubaine) au roi Louis XI, qui en fait don le 9 octobre 1470, à son féal serviteur *Jehan Raguier*, receveur général des finances au duché de Normandie, époux de Marie de Beauvarlet dame d'Esternay.

Raguier acquiert les seigneuries d'Athis, Soligny, Mauny, Villeneuve aux Riches Hommes et Bouy. Il possède en outre, par sa femme, la seigneurie d'Esternay

Pendant un siècle, sa famille est très puissante dans la région.

A son décès en 1501, ses trois fils lui succèdent.

Louis, qui consacre la chapelle de l'Eglise, dans laquelle lui et sa femme Charlotte de Dinteville sont inhumés.

Jehan II, époux de Marie de Bethumes.

Et *Guillaume*, qui était chanoine de Notre-Dame de Paris.

Louis Raguier laisse deux fils, *François*, vidame de Châlons, qui mourut sans postérité, et *Jehan III*, qui, de même que Charlotte de Dinteville sa mère, embrassa ardemment la religion réformée, et installa des écoles protestantes dans les presbytaires de La Motte Tilly et Soligny. Les cérémonies protestantes de ces villages se faisaient dans le temple de Saint-Mards-en Othe.

Charlotte de Dinteville, morte en 1576, âgée de 81 ans, fut inhumée dans la chapelle de l'Eglise à La Motte, selon le rite protestant, par un prédicant de cette religion, en présence de Jehan Raguier son fils, et d'une assistance de huguenots.

Les adeptes de cette religion furent amenés forcément à l'abjurer sous les successeurs de Henri IV. Aux Raguier succédèrent en 1610, *Alexandre d'Elbeyne* et Marguerite d'Elbeyne sa femme, laquelle fonda la chapellenie de Sainte-Marguerite, et fit construire la maison du chapelain en 1643.

Alexandre d'Elbeyne, leur fils, cède la terrre de La Motte, en 1662, an duc *Ambroise de Bournonville*, gouverneur de Paris, et Lucrèce de la Vieuville, son épouse, qui la constituent en dot en 1671, à Marie Françoise de Bournonville leur fille, épouse *d'Anne Julles duc de Noailles,* pair et maréchal de France.

Celle ci la délaisse en 1710, à son fils, *Adrien-Maurice duc de Noailles*, aussi pair et maréchal de France, qui épouse Charlotte Françoise-Amable d'Aubigné, nièce de Mme de Maintenon.

Adrien-Maurice de Noailles fait édifier les grands moulins de Nogent, et de vastes magasins pour leur service, à la Motte, à côté du château, sur les bords de la Seine.

En 1712, Louis XIV, lui confère le titre de Comte de la Motte Tilly.

En 1747, il cède la terre de La Motte Tilly, à *l'abbé Terray*.

Celui-ci fait démolir le château et les magasins, et fait construire le château actuel, ainsi que la route, pour communiquer avec la Cour à Fontainebleau.

Antoine-Jean Terray, neveu de l'abbé et son légataire universel, succède à son oncle en 1778, et meurt, comme nous le verrons, le 9 floréal an II.

Par le partage de sa succession en 1797, la terre de la Motte-Tilly, est attribuée à son fils, *Claude-Hippolyte Terray*, et, après le décès de ce dernier en 1851, à *Charles-Louis Terray Morel-Vindé* son fils, homme d'une rare bonté, et d'une simplicité de mœurs exemplaires.

M. Terray de Morel-Vindé étant mort en 1866, Mme Claudine Terray sa fille, *Vicomtesse de Narcillac* lui succède dignement.

Après la mort de Mme de Narcillac en 1887, le château continua d'être habité par son mari. Sa fille, Christine Pandin de Narcillac, épouse du comte [illegible] *de Beauregard*, qui, comme sa mère, possédait les vertus de son aïeul, avait suivi son mari dans ses domaines, au grand regret des habitants de La Motte et des villages voisins.

Au décès du vicomte de Narcillac, le domaine de La Motte Tilly fut adjugé, sur licitation, en 1910, à Charles-Gérard-Joseph Louis-Marie de *Rohan-Chabot comte de Chabot*, fils de

Christine Terray de Morel-Vindé, épouse du comte Guy de Rohan-Chabot, duc de Ravèse, et, comme tel, petit-fils du regretté Charles-Louis Terray de Morel-Vindé, dont il paraît tendre jusqu'ici, à suivre les vertueuses traditions démocratiques,

---

DEUXIÈME PARTIE

En 1793

Le charmant village de la Motte Tilly, aujourd'hui si pacifique, fut en proie à d'étranges convulsions, sous la Révolution.

Il eut à ressentir, d'une façon toute particulière, en la personne de cinq de ses habitants, les rigueurs du Tribunal Révolutionnaire.

Trois procès y prirent naissance, qui eurent leur solution funèbre sur l'échafaud.

Dabord celui de M. et Mme Terray.

Ensuite celui de Roussat et Rolland.

Et en troisième lieu, celui de Joseph Marteau.

Nous allons narrer succintement, le premier et le dernier.

Nous développerons le second dans tous les détails qui nous sont connus, parce qu'il nous fait pénétrer, par plus d'un côté, dons l'intérieur de la manière de vivre des habitants de La Motte pendant cette période, troublée mais héroïque de notre Histoire.

---

§ Ier

Procès de M. et Mme Terray

Une plume autorisée, celle de M. Boutillier du Rétail, archiviste de l'Aube d'avant-guerre, fait connaître, avec ses plus intimes détails, le procès de M. et Mme Terray, dans un ouvrage des plus étendus, consacré à l'histoire de la famille Terray, depuis la naissance de l'abbé en 1715, jusqu'à nos jours.

La publication de cet ouvrage a été commencée dans le *Bulletin de la Société d'Histoire de la Révolution dans l'Aube* (Année 1912 n° 34), édité seulement en juillet 1914, et interrompue par la catastrophe mondiale qui survint un mois après.

Nous espérons que cette publication sera reprise et menée à bonne fin, lorsque la société sera reconstituée, car nous croyons sincèrement que le successeur de Boutillier du Retail tiendra à cœur de reprendre et continuer l'œuvre de son regretté prédécesseur.

Deux mots seulement ici, pour en faire connaître la quintessence :

Terray (Antoine-Jean) né à Paris en 1750, et Perreney (Marie-Nicole) née au château de Grosbois près Dijon en 1751, avaient contracté mariage le 11 février 1771. Trois filles et un fils en étaient nés.

Humains, charitables et bons, M. et Mme Terray, apparaissent, au début de la Révolution, comme disposés à en embrasser la cause.

A la suite de la nuit du 4 août 1789, M. Terray abandonnait spontanément à la Nation, la pension de 4000 livres dont il jouissait depuis 1787. «La satisfaction de pouvoir faire cette « offre, en un pareil moment, écrivait-il à l'Assemblée Natio- « nale, est bien au-dessus de mes mérites ». Et en juillet 1790, c'est chez lui, en son hôtel de la rue de Jouy, que descendent les députés de Nogent venus à Paris, pour fêter la Fédération et le premier anniversaire de la prise de la Bastille.

Faut-il s'en étonner si l'on considère que leur fille aînée, Pauline Terray, vient d'être mariée à Etienne-Ferdinand-Michel Lepelletier des Forts, chevalier, comte de Saint Fargeau, dont la famille, de haute noblesse, s'était entièrement ralliée aux idées nouvelles Les deux frères de M. Lepelletier des Forts, nous sont présentés par l'histoire, comme de fervents républicains, et lui-même y apparaît ainsi au début de 1793 jusqu'après même la condamnation et l'exécution du roi. L'un d'eux Félix, devient par la suite, l'un des orateurs les plus écoutés du club des Jacobins, et on le verra, plus tard, prendre part, à la conspiration de Babeuf, avec la pensée de sauver la République menacée. L'autre, Michel Lepelletier Saint Fargeau, député de l'Yonne, qui avait présenté un projet d'éducation nationale, approuvé par Robespierre, avant même Lakanal et Condorcet, vote la mort du roi, pour ce fait, est assassiné, par un ex garde du corps, le soir du 19 janvier, dans un restaurant du palais royal et son corps est porté chez son frère Lepelletier des Forts, en l'hôtel de celui-ci, place Vendôme. C'est de là que part le jeudi 24 janvier, le cortège qui conduit le corps de Michel Lepelletier au Panthéon, accompagné de ses deux frères, des membres de la Convention, de tous les corps constitués de la capitale et d'une foule immense.

La fille de Michel Lepelletier, qui était en bas âge, fut adoptée par la Convention comme enfant de la Nation, et sa famille vint en remercier l'Assemblée dès le lendemain :

« *Convention Nationale* (*séance du vendredi 25 janvier 1793*)
« *Présidence de Rabaut Saint Etienne.*

« Le Président annonce que la veuve de Michel Lepelletier,
« ses deux frères et sa fille, demandent à être admis à la barre,
« pour témoigner à la Convention leur reconnaissance des hon-
« neurs qu'elle a décernés à la mémoire de leur parent.

« Il est décidé qu'ils seront admis à l'instant.

« *L'un des frères de Michel Lepelletier prend la parole :*

« Citoyens, permettez-moi de vous présenter ma nièce, la fille
« de Michel Lepelletier ; elle vient vous offrir, ainsi qu'au peu-
« ple français, sa reconnaissance de l'éternité de gloire à laquelle
« vous avez voué son père.

« *Le Président* : Citoyens, le martyr de la liberté a reçu le
« juste tribut de larmes que lui devait la Convention Nationale,
« et le juste honneur que lui devait la patrie reconnaissante. La
« Nation ratifiera sans doute l'adoption que fait en ce moment
« la Convention Nationale de la fille de Michel Lepelletier.

On peut juger par la part que prêta à cette manifestation républicaine, le gendre de M. Terray, que les sentiments de la famille devaient être tout autres qu'hostiles à la Révolution.

Malheureusement, M. et Mme Terray sont dominés par leurs intendants, Boucher ex-subdélégué de M. Terray à Lyon, et Lefebvre, régisseur général de tous ses biens à La Motte, qui tous deux, sentant leurs intérêts personnels, menacés d'être restreints, ont pris ouvertement fait et cause pour l'ancien régime (1). Dans ses lettres à Boucher, Lefebvre nargue la Révolution qu'il appelle « la grande machine » et les citoyens de La Motte, qui pourtant lui ont fait l'honneur de le nommer électeur aux Assemblées primaires.

Sur leurs suggestions, M. Terray fait émigrer son fils en Ecosse, puis en Allemagne, pour son instruction dit-on, mais apparemment pour le soustraire aux exigences du service militaire.

Les agissements de ces deux hommes de confiance sont la cause que M. Terray devient suspect en octobre 1793. Il est arrêté comme tel au château de Saint-Martin-des-Champs, près Provins, chez le seigneur du lieu, M. de La Boulaye, en même temps que celui-ci, et incarcéré avec lui à Provins (2) ; relaxé un mois après, sur l'intervention du député Garnier (de l'Aube) ami de Danton, il est arrêté à nouveau la veille de Noël, en même temps que son épouse, en leur chtâeau de La Motte, à six heures du soir, par deux commissaires venus de Paris, sur mandat du Comité de sûreté générale.

M. et Mme Terray sont conduits de suite à Paris, et incarcérés à la prison de Port-Libre, ancienne maison de Port-Royal, aujourd'hui la maternité. Ils y séjournent quatre mois, pendant lesquels les Comités révolutionnaires de La Motte et de Nogent et le curé de Fontenay s'emploient en leur faveur, de tous les moyens dont ils disposent, mais vainement.

Le 8 floréal an II (28 avril 1794), ils sont interrogés sommairement par le juge Dobsen et le lendemain ils sont traduits au tribunal, sur le réquisitoire de l'accusateur public :

« Terray et sa femme sont convaincus d'avoir fait « émigrer leurs enfants, pour porter les armes contre la France ; « la correspondance saisie chez eux prouve que c'est par l'insti- « gation de l'un et de l'autre, que ces individus ont émigré, et « que Terray et sa femme leur faisaient passer des fonds. « Mme « d'Orfeuil sort de chez moi, mon cher papa, dit l'un d'eux ; (3) « elle m'a remis les 191 livres, et votre lettre, je ne puis trop

1. Les affirmations que nous émettons ici sur Boucher et Lefebvre résultent de leur correspondance (V° Archives Nationales w. 32)

2. Un ordre d'arrestation était lancé en même temps contre Lefebvre et Roussat.

3. Mme Lepelletier-Desforts, qui avait émigré en Hollande.

« vous remercier du service que vous me rendez ; dès que « j'aurai reçu les lettres de change, que vous m'annoncez, je « vous le manderai (1).

«Boucher, subdélégué de Terray à Lyon, et soupçonné d'être « émigré. Pour avoir été l'agent de Terray et sa femme, pour « faire passer le numéraire à leurs enfants. Des lettres qui lui « ont été adressées prouvent qu'ils cherchaient du numéraire « de tous les côtés pour le faire parvenir aux enfants du dit « Terray ».

Toute la base et la force de l'accusation étaient là, et, malheureusement pour les prévenus, la loi y répondait.

Les questions soumises au Jury se résumaient en ceci ;

Existe-il une conspiration tendant à anéantir la Liberté et la Souveraineté du Peuple Français, à dissoudre la Représentation Nationale, à rétablir la Royauté, à fournir des secours en hommes et en argent, aux despotes coalisés, et à favoriser le succès de leurs armes contre la France ?

Antoine-Jean Terray, Marie-Nicole Perreney et Boucher sont-ils complices de cette conspiration ?

L'éloquence de leur avocat Chauveau-Lagarde, ne parvint pas à sauver leurs têtes.

La réponse du jury fut affirmative sur les deux questions, et l'arrêt du Tribunal fut conséquemment la condamnation à la peine capitale.

M. et Mme Therray furent conduits ensemble à l'échafaud, et vraisemblablement dans la même charrette, le même jour, à six heures du soir, M. Terray, d'après l'ordre de la condamnation, dût être exécuté le premier, pendant que sa femme attendait au pied de l'échafaud, auquel les gendarmes lui faisaient tourner le dos comme il était d'usage et de règlement, par mesure d'humanité, pour qu'elle ne vit pas les exécutions qui la précédaient.

Ils furent inhumés au cimetière des Errancis, où venaient de l'être, un mois auparavant, Danton, Camille Desmoulins, Westerman, Héraut-Séchelles, l'évêque constitutionnel Gobel, etc., dont les corps l'avaient inauguré.

Leurs ossements reposent certainement aujourd'hui aux Catacombes, où ont été transportés tous ceux de ce cimetière lors de sa désaffectation sous l'Empire.

La loi du 20 mars 1793 déclarant acquis à la Nation, les biens des condamnés, ceux de M. et Mme Terray devinrent propriété

1. Nous sommes en état de pouvoir affirmer que le premier argument de l'accusateur public est inexacte. Les enfants de M. et Mme Terray bien qu'émigrés ne portèrent jamais les armes contre la France.

nationale. C'est à ce titre que furent vendues plusieurs pièces de terre de leur domaine des Ardents à Gumery et la ferme Largentier à Fontenay, mais il ne fut pas touché au domaine de La Motte.

Les scellés qui avaient été apposés au château lors de l'arrestation furent vérifiés et reconnus intacts, et inventaires furent dressés tant du mobilier que des papiers dans le mois qui suivit l'exécution, c'est-à-dire en prairial an II, sur la représentation qu'en firent les gardiens des scellés, Louis Cochat, Edme Coquille et Grosoz manouvriers à La Motte et Pierre Launay jardinier-fleuriste du château ; les inventaires constituent un travail considérable fait avec un soin et une exactitude remarquables, celui des papiers comporte à lui seul 1880 documents analysés ponctuellement.

En même temps, des enquêtes, et recherches étaient faites à l'effet de découvrir les matières d'or et d'argent et le numéraire qu'on supposait avoir été cachés par M. et Mme Terray et leur personnel.

Voici le procès-verbal d'une des enquêtes, qui démontre, comme nous l'avons citée, la bonté de cœur de M. et Mme Terray, et l'amitié réelle, dépourvue de toute servilité, que professaient pour eux, les habitants de la région :

« Le 25 prairial an II, devant nous administrateurs et agent national du district de Nogent-sur-Seine, s'est présentée la citoyenne Marie-Catherine Léger, demeurant à Traînel, laquelle nous avons interpellée, au nom de la loi, de nous déclarer sous les peines prononcées par les lois révolutionnaires, si elle sait que des matières d'or et d'argent ont été enfouyes par Terray.

« A répondu ne savoir rien.

« Interrogée si elle n'a pas toujours été liée intimement à la maison Terray, et si, toutes les fois que Terray et sa femme venaient à La Motte, elle n'y venait pas elle-même, et n'y demeurait pas pendant tout leur séjour, ayant avec eux, et notamment avec Mme Terray, les liaisons les plus intimes.

« A répondu que depuis 25 ans, elle était liée avec les père et mère de Terray, qu'elle a reçu à la mort de l'un et de l'autre, une pension de cent pistoles que Terray lui payait annuellement, et que la reconnaissance l'avait liée au fils et à la belle-fille, qu'ensuite elle venait souvent les voir pendant leur séjour à La Motte.

« Interrogée jusqu'à quelle époque ses liaisons et ses visites fréquentes ont existé.

« A répondu qu'elle les a vus jusqu'à leur arrestation au mois d'octobre 1793.

« Interrogée si elle n'a pas su qu'ils aient enfouy ou recélé des matières d'or et d'argent.

« A répondu n'en avoir aucune connaissance.

« Lui ayant observé qu'ayant fait pour eux des démarches pour leur procurer des fonds empruntés lors de l'arrestation de Terray, il est probable qu'elle avait connaissance de ce qu'étaient devenues des sommes considérables qu'il épargnait depuis longtemps, et dont il avait reçu remboursement.

« A répondu n'avoir donné aucun argent ni fait donner aucune somme lors de la taxe révolutionnaire, sinon avoir prié ses fermiers de lui payer ce qu'ils lui devaient.

« Lui ayant enfin observé nonobstant toutes les déclarations qu'elle venait de nous faire, on pouvait présumer, d'après son intimité avec Terray et sa femme jusqu'à leur dernier moment et d'après les démarches dont elle convient, ainsi que celles qu'elle a faites avec la femme Terray, pour procurer à Terray son élargissement, qu'elle a connaissance de ce que sont devenues les sommes qu'avait Terray, ainsi que ses effets précieux qui se trouvent soustraits à la République et l'ayant sommée itérativement de nous dire la vérité sous les peines des lois.

« A déclaré n'avoir fait aucune démarche avec la femme Terray, et a déclaré n'avoir aucune connaissance de ce qu'on lui demande.

« Et après lecture faite, a déclaré persister dans ses dires, et n'avoir rien à y ajouter ni y retrancher.

« *Signé:* La citoyenne Léger, Laporte, agent national ; Larguillon, administrateur ; Désert, administrateur ».

Les recherches et perquisitions ne donnèrent, elles aussi, qu'un médiocre résultat.

Voici un fragment de celles des 24 et 26 Prairial, menées par les administrateurs Larguillon, Gardon et Désert, l'agent national Laporte, le juge de paix Brévignon, les citoyens Busset et Blacque, du Comité de surveillance de Nogent, en présence du maire Rollet, des officiers municipaux Doridant et Cain, et des membres du Comité de surveillance de La Motte, Nicolas Poulain, agent national, Jean Pelletier, Joseph Bossuat, Gabriel Gonthier, Pierre Vajou, Jacques Tellot, Gabriel Prêtat, Jean Moreau, Paul Récipon, Edme Fayolle et Claude Dupont, sur les indications du concierge Gilbert Avesard.

« Etant entré dans la salle à manger, il nous a fallu traverser l'appartement ci-devant occupé par Terray, sur la porte duquel sont apposés deux scellés, lesquels, après que le juge de paix les eût reconnus sains et entiers, ont été levés et ôtés.

« Le citoyen Avisard nous a déclaré que l'argenterie était enfouye sous le carrelage d'un cabinet ; après avoir fait décarreler le dit cabinet, nous avons trouvé enfouye à même la terre, 1031 jetons, 4 soupières, 4 casseroles, 2 porte-huiliers, 2 gobelets, 18 plats ronds, le tout en argent et armorié, 2 calices et leurs patennes en or massif, 5 boîtes de toilettes armoriées, plusieurs boucles et agrafes en argent armoriées, 22 pièces d'argenterie et deux médailles d'or frappées à la face des tyrans.

« Après que le juge de paix, eût reconnu les scellés sains et entiers, et les eût levés sur la porte de la cave de l'émigré Lefèvre, nous sommes entrés dans la dite cave, et, après avoir sondé le terrain, nous avons acquis la certitude qu'il y avait quelque chose d'enfouy.

« En conséquence, ayant fait enlever le sable, nous avons vu une caisse carrée et profonde, en chêne, dans laquelle il ne s'est rien trouvé. Nous avons fait fouiller attenant, et, à la joie des assistants, nous avons découvert un coffre-fort en fer ; ouverture d'icelui faite, nous avons eu la douleur de n'y rien trouver ».

Relatons incidemment ici, un fait divers qui vint se greffer sur ces entrefaites :

Cochat, l'un des gardiens, fut soupçonné d'avoir détourné quelques menus objets confiés à sa garde. Une perquisition faite chez lui le 24 prairial, par l'administrateur du district, Gabriel Désert, assisté des membres du Comité de La Motte, Bosuat, Récipon, Gonthier et Dupont, amena la découverte de cinq fusils, un couteau de chasse, une épée et un pistolet que les commissaires firent déposer à la maison commune.

Désert mit Cochat en surveillance chez lui, à la garde de Edme Déjardins, 27 ans, Nicolas Masson, 24 ans, Gabriel, Thierry, 26 ans et Jean-Louis Doridant, 18 ans.

Mais le lendemain ou le surlendemain, Cochat, usant de ruse sauta par dessus la haie de son jardin et s'enfuit par les pâtures, où il dépista ses gardiens.

Informé de cette fuite, le Comité de surveillance se réunit le 28 prairial, à huit heures du soir, fait amener devant lui les quatre gardiens, dont les réponses à leur interrogatoire, s'accordent ainsi, donnant à cette partie de l'incident, une légère nuance de naturalisme.

« Cochat, ayant demandé à sortir pour faire ses besoins (*sic*) Desjardins et Thierry l'ont conduit et ramené à la maison.

« La seconde fois, le dit Cochat, ayant demandé à sortir, a été conduit par les dits Desjardins et Thierry qui l'ont ramené à la maison.

« La troisième fois, Cochat a demandé encore à sortir et a été accompagné de Desjardins, Thierry et Masson, qui l'ont ramené dans la maison.

« Et pour la quatrième fois, Cochat ayant demandé encore à sortir, toujours accompagné de Desjardins, Thierry et Masson, ayant entré dans le jardin et ayant fait ses besoins (*sic*) et en se relevant a sauté par dessus la haie, en fuyant par la ruelle à Gonthier ; Desjardins a fait la mise en joue de Cochat le fusil a brûlé son amorce et n'a point parti, et, ayant crié au secours, ils ont couru sur le dit Cochat, mais l'ont perdu de vue dans la ruelle. Doridant, qui était dans la maison, y est resté pendant que la femme Cochat, qui était couchée, s'est levée, et s'en est allée chez sa sœur. Doridant a fermé la porte de la maison, et s'en est allé trouver ses camarades qui courraient le fuyard dans les pâtures. Doridant a crié à la garde, et le monde est venu à son secours ».

Sur ce, le Comité fit conduire, par le commandant de la garde nationale Cain, les quatre gardes Desjardins, Thierry, Masson et Doridant, à la maison d'arrêt de Nogent, où, d'ailleurs, ils ne durent pas séjourner longtemps.

Quant à Cochat, il ne tarda guère à être rejoint, car les jours suivants, sa présence est à son tour relatée en la maison d'arrêt de Nogent. Nous ignorons quelle peine il encourût (1).

Les recherches avaient encore abouti à la découverte, dans les appartements du château, d'un portrait sur toile de l'abbé Terray. Conformément à un arrêté des administrateurs pris sur le champ, ce portrait fut attaché ironiquement derrière une carriole du château, avec le simulacre de la corde au cou et aux pieds, puis conduit le soir à Nogent, et promené dans les rues de la ville, à la lueur des flambeaux, enfin brûlé en un feu de joie sur la place où était planté l'arbre de la Liberté.

La levée définitive des scellés, les inventaires et la vente du mobilier, eurent lieu seulement en pluviôse et ventôse an III (février et mars 1795).

Trois mois après, les lois des 18 floréal et 21 prairial, an III, ordonnaient la restitution des biens des condamnés à leurs héritiers, à l'exception des émigrés.

M. Lepelletier des Forts, dont l'émigration n'avait pas été constatée officiellement, venait de rentrer en France. Il présenta au nom de son épouse, et des autres enfants Terray, la requête suivante, aux administrateurs du district :

« Le citoyen Etienne-Ferdinand-Michel Lepelletier, tant comme tuteur des enfants mineurs, héritiers chacun pour un

1. Archives de l'Aube, 4, Q. 107 et L. 418.

quart, des citoyen et citoyenne Terray, leurs père et mère, que comme héritier à cause de sa femme.

« Réclame la justice des citoyens administrateurs du district de Nogent-sur-Seine, à l'effet d'être envoyé en possession des biens meubles et immeubles mis sous la main de la Nation, après les décès du citoyen Antoine-Jean Terray et Marie-Nicole Perreney, son épouse.

« Le 21 fructidor, an 3e de la République,

« *Signé* : Lepelletier ».

Les administrateurs du district firent droit à cette requête par l'Ordonnance suivante :

« Le 5e jour complémentaire, an III (21 septembre 1795).

« Nous Marie-François-Pierre Jeulin, administrateur du district de Nogent-sur-Seine.

« Nous sommes transportés en la maison appartenant aux héritiers du citoyen Terray et de son épouse, et là, en présence des citoyens Jean-Nicolas Rollet, maire et Doridant, officier municipal, et du citoyen Le Pelletier, l'un des héritiers Terray, en présence des citoyens Grosoz et Launay, gardiens, avons procédé au récolement des objets garnissant la maison.

« Nous avons reconnu que tous les objets compris aux inventaires faits les 22 pluviôse, 26, 28, 29 et 30 ventôse, an III, étaient présents dans la dite maison.

« Nous avons reconnu que les ouvrages compris au catalogue dressé par les citoyens Reynoul et Baudouin, le 27 messidor, an II, étaient tous dans la bibliothèque.

« Que tous les titres et papiers étaient en liasses.

« Et nous avons remis le tout au citoyen Le Pelletier qui en décharge la République et tous autres.

« Au moyen de quoi, les héritiers Terray rentrent dans leurs droits.

« Nous avons déclaré aux citoyens Grosoz et Launay, gardiens, que leur mission cessait à partir de demain matin.

« *Signé* : Grosoz, Launé, Lepelletier, Rollet, maire,
« Georges Doridant, Jeulin » (1).

1. Archives de l'Aube, 4 Q. 108. Cette Ordonnance suffirait, à elle seule, pour mettre à néant, les ragots d'Aufauvre, qui relate, avec désinvolture, que Mme Terray fut contrainte de s'habiller de haillons de toile, et que le mobilier du château fut traîné à Nogent, brisé et brûlé en un feu de joie.

§ II

Procès de Roussat et de Rolland

I

Les Héros du Drame

Nous ne surprendrons aucun de nos lecteurs en leur disant que les deux héros de ce drame, nous sont tout particulièrement intéressants, parce que, ayant vécu côte à côte avec nos ancêtres, la vie de leur famille s'est trouvée, en leur temps, mêlée à celle de la nôtre, parce que, nous-même, dans notre plus jeune âge, avons connu le propre fils de l'un d'eux, et, qu'aujourd'hui encore, nous vivons, en entretien de relations, avec certains de leurs descendants.

Cet intérêt, nous le savons, sera partagé par nos concitoyens de La Motte Tilly et des environs.

ROUSSAT (*Thomas*) était né à Quincey, le 2 décembre 1737.

« Thomas, né d'hier, du légitime mariage de Thomas Roussat, vigneron et de Jeanne Laribe, a été baptisé par moi, curé de cette paroisse, le 3e décembre de la présente année 1737, et a eu pour parrain Michel Plumé et pour marraine Catherine Larible qui ont déclaré ne sçavoir signer de ce interpellés.

« Jacquinot, curé ».

En 1761, il entrait comme garde-chasse, au service de l'abbé Terray, à La Motte Tilly.

Il s'y mariait l'année suivante :

L'an 1762, le 24e jour du mois d'aoust, après la publication des bans du futur mariage entre Thomas Roussat, garde-chasse de M. l'abbé Terray, fils de Thomas Roussat, marchand de bois demeurant à Quincey, et de Jeanne Larible, Et Marie-

Marguerite Boivin, fille de feu Jean Boivin, boulanger en son vivant de cette paroisse et de Marguerite Frivolèt.

«Les dites publications faites par trois dimanches consécutifs, tant en cette paroisse que celle de Quincey, comme il apert par le certificat de M. Mercier, curé de Quincey, ne s'étant trouvé aucun empêchement ; J'ai curé soussigné, admis à la bénédiction nuptiale, les sus dits époux, en présence de Thomas Roussat, père de l'époux, de Louis Roussat, oncle, d'Edme Thierry, parrain de l'épouse, de sieur Jean Bossuat, agent d'affaire de M. l'abbé Terray, de Jacques François oncle de l'épouse, de François Bossuat, maître d'école, et de plusieurs autres, dont partie ont signé.

« J. Bossuat, Roussat, A. Tonnelier, curé de Gumery, Louis Roussat, Thierry Bossuat, N. Gontier, M. Gontier T. Roussat, Bossuat et Poncy, curé.

En 1780, M. Antoine-Jean Terray, qui avait succédé à l'abbé Terray, son oncle, dans la seigneurie de La Motte Tilly, l'investissait des fonctions de garde général de toutes ses propriétés.

Telle était sa situation, lorsque se produisit la Révolution.

ROLLAND (Jean-Nicolas), était né à La Motte Tilly, le 26 juin 1753, et baptisé le même jour.

Il était fils de Pierre Rolland, tailleur d'habits et manouvrier et d'Ursule Leclert, et eût pour parrain Jean Mimard, receveur de la terre et seigneurie de la Motte et pour marraine Marie-Catherine Leclert, son épouse.

Il se maria à La Motte, en 1786, à Marie-Aimable Party, qui était cousine germaine du notaire Nicolas Party :

« L'an 1786, le 14 février, après trois publications faites en trois dimanches consécutifs, aux prônes de nos messes paroissiales en notre église, des bans du futur mariage entre Jean-Nicolas Rolland, garçon majeur, fils de Pierre Rolland, cabaretier demeurant à la Motte Tilly et de Ursule Leclert, d'une part.

« Et Marie Aimable Party, fille majeure du défunt Hilaire Party, en son vivant laboureur demeurant en cette paroisse et de Marguerite Cretté, d'autre part.

« Nous, curé de La Motte Tilly, soussigné, n'ayant eu connaissance d'aucun empêchement, ni civil, ni canonique à ce mariage, avons admis les sus dits contractants, à la bénédiction nuptiale, en présence d'un grand nombre de parents et amis, parmi lesquels, ont signé, avec l'époux et nous, Pierre Rolland son père, Pierre Rolland, son frère, et Fiacre Moreau son oncle, et du côté de l'épouse, qui a déclaré ne sçavoir signer, Hilaire Party, son frère, Nicolas Cretté, son aïeul,

Laurent Crétté son oncle et son parrain et Thomas Roussat, époux de Marie Boivin, sa marraine.

Rolland, Pierre Rolland, Hilaire Party, M. Cretté, Laurent Cretté, Bureau, Roussat, Jean Rolland, F. Moreau, et Poncy, curé.

Lors de la création des municipalités, en janvier 1790, il était élu officier municipal et maire. Il exerça cette fonction jusqu'en 1792

En avril 1793, il était élu président du Comité de surveillance de la commune. Il occupait ce poste à l'époque des événements dont la narration va suivre.

II

Premier délit

Le 4 juillet 1792, alors que la France, trahie par la Cour, semblait menacée par les puissances étrangères, et allait avoir à essuyer l'insolent manifeste du maréchal de Brunswick, deux habitants de La Motte Tilly, Nicolas Fayolle et Jacques Bénard, travaillaient à la fauchaison dans la pièce de pré de Frénoy, au finage de Courceroy, dépendant du domaine seigneurial de La Motte Tilly, lorsqu'ils furent rejoints par Thomas Roussat, garde général de M Terray, qui abordant Fayolle, s'adressa à lui en ces termes:

— Je te parie quatre bouteilles de vin, que les Prussiens seront en France, avant le 15 août.

— Et moi, répondit Fayolle, avec véhémence, je te parie les quatre bouteilles qu'ils n'y entreront jamais (1).

On sait que c'est le 20 août seulement, que les Prussiens, sous les ordres du maréchal de Brunswick, entrèrent à Lonwy.

Donc, Roussat avait perdu son pari.

Pourtant cet incident n'avait eu aucune suite et semblait même oublié, lorsqu'il fut remis en question l'année suivante, au sujet des événements qui vont suivre.

1. Archives Nationales, W, 381, nº 42.

III

Deuxième Délit

Le jeudi 19 septembre 1793, il faisait un grand vent. On verra tout à l'heure pourquoi nous faisons cette remarque. Ce jour-là, vers les trois heures de l'après-midi, le garde Roussat, en compagnie de Jean Moreau, maréchal-ferrant et d'Angélique Fayolle veuve de Jean Bègue, manouvrière à La Motte, se trouvait dans la basse-cour du château où travaillaient deux jeunes maçons, Jean Laudy, fils mineur de Jean Laudy, aussi maçon et Sylvain Legros, tous deux engagés volontaires dans le bataillon de Nogent-sur-Seine, qu'ils devaient aller rejoindre les jours suivants à Verdun (1).

La levée en masse, qui venait d'être décrétée par la Convention Nationale, avait provoqué dans les populations républicaines de notre région, un enthousiasme, qui n'avait d'égal que l'esprit de sacrifice, et défrayait toutes les conversations.

« Voilà nos garçons qui vont partir, dit la veuve Bègue.

— Oui, répondit Roussat, les vôtres comme le mien ; vous Moreau, votre neveu qui vous aide dans votre travail, va aussi partir.

Moreau. — Me voilà dettelé (*sic*) car je ne trouverai personne pour le remplacer ; c'est malheureux pour moi, mais il faut se conformer à la loi.

Veuve Bègue. — Et moi qui suis veuve, et qui n'en ai qu'un aussi, pourtant je le sacrifie (2) ; pourvu qu'il ne me revienne pas estropié, c'est ce que je désire.

1. Le décret de la Convention du 23 août 1793, qui avait ordonné la levée en masse, portait : « Les citoyens, mariés ou veufs sans enfants, de « 18 à 25 ans marcheront les premiers. Le bataillon qui sera organisé dans « chaque district sera réuni sous une bannière portant cette inscription : « *Le Peuple Français debout contre les tyrans*. Il résulte de cette rédaction « que les volontaires mineurs tels que Laudy et Legros étaient tous âgés « de moins de 18 ans ».

2. Angélique Fayolle était fille de Louis Fayolle, fermier à la ferme d'Isle depuis 1763, lorsqu'elle épousa Jean Bègue manouvrier, en l'église de Fontenay, le 17 janvier 1770.

Son fils, Louis Bègue, resta toute sa vie à l'armée. Il devint sous-officier vétéran à la 8e compagnie de 118e de ligne ; il fit toutes les guerres de la République et de l'Empire, et mourut à l'hôpital de Lille, d'une affection de poitrine le 25 novembre 1815, à l'âge de 43 ans.

Roussat. — Vous êtes bien heureuse de vous consoler comme cela, moi, j'en ai un qui ne vaut pas grand'chose, qui renie père et mère, et même qui m'a fait 50 livres de dettes, chez Laurent Cochat, cabaretier à la Grève, pourtant ça me fait peine de le voir partir pour défendre des sacrés gueux comme ça ; si seulement c'était comme dans le passé, pour aller combattre dans notre armée royaliste, ce serait avec joie que je le verrais partir.

Moreau. — Il ne ferait pas bon que vous disiez cela tout haut dans les rues de Nogent.

Vve Bègue, — Il ne ferait même pas bon que vous le disiez tout haut dans les rues de la Motte. »

Les jeunes maçons qui travaillaient sur un échafaudage peu élevé à quelques mètres de là, avaient entendu cette conversation, mais n'y avaient élevé aucune objection, réservant leur opinion sur son fait.

Sur ce, Moreau, qui était venu là, rapporter des outils agricoles qu'il avait réparé, quitta le groupe pour rentrer chez lui. Roussat et la veuve Bègue se dispersèrent ensuite.

IV

Les Dénonciations

Mise en mouvement de la Justice

Cependant Laudy et Legros, ces deux jeunes gens qui allaient se sacrifier pour la Patrie, n'avaient pu entendre sans s'indigner, le langage, tout au moins irréfléchi de Roussat. Aussi, leur journée de travail terminée, ils ne délibèrent pas longtemps pour décider d'en faire la dénonciation aux autorités communales.

Toutefois, est-ce par l'obligation de leur travail, qui ne leur en laissait pas le temps, est-ce par hésitation, ils attendent le surlendemain samedi, 21 septembre, pour donner suite à leur intention. Puis le dimanche 22 septembre, à neuf heures du matin, ils se rendent à l'Ormeau, chez Gabriel Dusacq, greffier de la municipalité, et dépositaire du registre des délibérations du Conseil général de la commune (1). Il n'y rencontrent que sa femme qui leur répond, que son mari est absent, qu'il est occupé aux travaux de la vendange, chez une tante, la veuve Jeunemaître, à Servolles commune d'Hermé.

Les deux jeunes gens se retirent, mais persistant dans leur idée, s'en vont trouver le maire Jean-Nicolas Rollet (2) et lui font la dénonciation. Celui-ci se transporte à son tour chez le greffier, et demande à sa femme de lui remettre le registre de la municipalité pour y consigner la dénonciation. Celle-ci refuse d'abord, en raison de l'absence de son mari, puis, sur les instances du maire, finit par le lui remettre, et le maire y couche la dénonciation, dans les mêmes termes que si le greffier eût été présent.

Dusacq, rappelé en hâte d'Hermé, rentre le soir même. Invité à régulariser par sa signature, le procès-verbal de la dénonciation, il commence par déclarer qu'il s'en gardera bien, parce qu'il n'y était pas présent. Le maire lui fait quelques remontrances, en raison de ce que, étant absent de la commune, il avait laissé le registre à l'abandon chez lui, au lieu de le confier au maire. Dusacq se décide : « Après tout, dit-il, je m'en f..., je le signerai ». Et il y appose sa signature.

Voici le texte de ce document, dont nous verrons tout à l'heure, la sincérité de rédaction, discutée par Roussat et ses témoins à décharge :

« Le 22 septembre 1793, l'an deux de la République Française, une et indivisible, à 9 heures du matin.

« Il est comparu en notre greffe, le citoyen Jean Laudy, garçon mineur, fils de Jean Laudy, maçon et Silvain Legros aussi garçon mineur, tous deux travaillant chez Laudy aussi maçon en cette commune. Lesquels ont dit, déclaré et soutenu qu'ils

1. Gabriel Dusacq était âgé de 26 ans ; il était né à La Motte en 1767 de Claude Dusacq et de Marie-Anne Garnier, et avait épousé Marie-Anne Lachaume en l'église de La Motte, le 10 janvier 1792, c'était le plus jeune des membres du conseil général de la commune, son écriture habile sur les extraits des registres rédigés par lui, indique qu'il était pourvu d'une solide instruction ; il était le bras droit du maire Rollet, ayant comme lui adopté avec ardeur, les idées nouvelles. Il mourut à La Motte en 1839, à l'âge de 73 ans. Il laissait un fils, Edme Gabriel Dusacq, né le 19 janvier 1793, décédé à l'Ormeau le 27 mars 1860.

2. Jean-Nicolas Rollet, tissier en toile, maire de La Motte de 1792 à 1800 y était né le 5 août 1753, de Nioclas Rollet, tissier en toile, et de Geneviève Frivolet. Il mourut à La Motte le 28 vendémiaire, an XIV (21 octobre 1805). Gabriel Dusacq, son ancien greffier, lui resta toujours fidèle et fut au premier rang parmi ceux qui lui rendirent leo derniers devoirs.

avaient déclaré à Jean-Nicolas Rollet, maire de la dite commune, le jour d'hier, que Thomas Roussat, garde-chasse du citoyen Terray, demeurant en cette commune, s'était entretenu de propos contre-révolutionnaires et d'aristocratie, lesquels propos sont en ces genres que le dit Roussat a dit à ces déposants en parlant du départ de la première classe, que son garçon y était compris, il a répondu que cela lui faisait de la peine pour son garçon quoiqu'il ne valût pas grand'chose, que c'était pour aller soutenir des sacrés gueux, que si ça était pour aller soutenir, comme ci-devant l'armée royaliste, ça n'y ferait pas de peine. Ces déposants ont déclaré qu'il leur avait dit cela, en présence du citoyen Jean Moreau, maréchal en cette paroisse, et de la veuve Jean Bègue qui tous deux l'ont entendu. C'est à quoy, j'en ai fait et rédigé le présent procès-verbal, les jour et an que dessus, le tout en présence du maire, de Nicolas Fayolle, notable, Louis Pagnier, notable, et de Marin Laudy. Lesquels Silvain Legros et Marin Laudy ont déclaré ne savoir signer.

« Laudy, Nicolas Fayolle, not., L. P., n., Rollet, maire
« Dussacq, secrétaire (1) ».

Sur ce, le maire constitue les quatre officiers municipaux sus dénommés, qu'il avait convoqués, à cet effet, en assemblée du conseil général de la commune. Il y appelle en confrontation les jeunes Laudy et Legros, les témoins Moreau et la veuve Bègue, et le prévenu Roussat, et il est dressé de cette entrevue, la délibération suivante :

« Ce même jour, 22 septembre 1793, l'an II, de la R. F. à dix heures du matin.

« Le conseil général, assemblé au lieu ordinaire de ses séances, sur la dénonciation qui avait été faite par les citoyens Jean Laudy et Silvain Legros, garçons maçons travaillant chez le citoyen Laudy Jean le jour susdit, et insérée au dit procès-verbal, le citoyen maire ayant appelé les citoyens Jean Moreau maréchal et la citoyenne Angélique Fayolle, veuve Bègue qui ont été nommés par les déposants, pour être présents lorsque ledit Roussat s'est tenu de ces propos contre-révolutionnaires, nous avons également interpellé le citoyen Jean Moreau, et la veuve Bègue, lesquels ont balancé sur l'interpellation à eux faite par le citoyen maire. Sur quoi, nous, voulant prendre le parti le plus sage, nous avons appelé les citoyens Jean Laudy et Silvain Legros, et ledit Roussat, afin de les entendre tous,

1. Archives Nationales, W 1 b, 381.

pour être plus sûrs des faits ; nous avons interpellé de nouveau Laudy et Legros devant le dit Roussat, Moreau et la veuve Bègue. Lesquels deux dits déposants ont sontenu au dit Roussat que c'était bien vrai qu'il avait dit que ça était pour aller soutenir des sacrés gueux, et que si ça était pour soutenir les guerriers royalistes, comme par le passé, que ça ne lui ferait pas de peine, qu'ils ne savaient pas si c'était pour se f... d'eux ou s'il le disait tout de bon, et ont dit au citoyen Moreau qu'il ne pouvait pas nier l'avoir entendu, puisqu'il avait dit lui-même qu'il ne ferait pas bon qu'il en dise autant dans les rues de Nogent, et que la veuve Bègue lui avait répondu qu'il ne faudrait pas qu'il en dise autant dans les rue de La Motte ; alors le dit Moreau n'a point pu le nier et a avoué qu'il l'avait entendu comme ça. Cela fait, nous avons clos et arrêté le présent, pour servir et valoir ce que le droit, et avons signé :

« Rollet, maire, L. P., n., Nicolas Fayolle, notable,
« Dusacq, secrétaire-greffier (1) ».

Bien que ce procès-verbal n'en fasse pas mention Fayolle avait profité de cette entrevue pour rappeler et reprocher à Roussat, la gageure qu'il avait tenue avec lui un an auparavant. A quoi Roussat répondit : « J'ai perdu, je paierai ». Et effectivement, le jour suivant, Roussat remettait à Fayolle, trois francs, prix des quatre bouteilles de vin.

Comme on le voit, la délibération ci-dessus est absente de la signature de la majorité des membres du conseil général de la commune. C'est que, dans cette assemblée, comme d'ailleurs, parmi les habitants, la gravité de l'affaire était apparue dès le premier moment, aux yeux de tous, et deux courants d'opinion s'étaient immédiatement formés, l'un inspiré par l'ardeur révolutionnaire poussant à l'instruction de l'affaire, l'autre inspiré par les seuls sentiments humanitaires, cherchant à arrêter les poursuites, dont on craignait déjà d'entrevoir les terribles conséquences.

C'est dans le premier de ces ordres d'idées que le maire, aussitôt la délibération ci-dessus prise, en lève copie, et se rend à Nogent, en faire part au commissaire de police Vallet, qui consigne la démarche du maire de la Motte, dans le procès-verbal que voici :

« Le citoyen Jean Rollet, maire de La Motte Tilly, a déclaré que le nommé Thomas Roussat garde-chasse du citoyen Terray de la Motte Tilly, a tenu des propos contre-révolution-

(1) Archives Nationales, W 1. b, 381.

naires en présence du citoyen Legros (Silvain), maçon résidant à La Motte, travaillant chez le citoyen Jean Laudy, aussi présent, et le citoyen Jean-Gabriel Moreau, maréchal à La Motte, en disant que le départ des garçons était pour lui une horreur, en ce qu'il était obligé de voir partir son garçon, pour défendre des sacrés gueux, que si c'était comme autrefois pour défendre la cause d'un roy, que ça ne lui ferait aucune peine. La dite déclaration faite à moy Vallet, commissaire de police de la ville de Nogent-sur-Seine, le dimanche 22 septembre 1793 2e année de la République une et indivisible.

« *Signé* : Vallet et Rollet, maire ».

Puis Vallet renvoie cette déclaration au Comité de surveillance de Nogent, par la lettre suivante :

« Citoyens, comme il est du devoir d'un vrai républicain de ne rien laisser impuni de ce qui peut nuire à la Société populaire, encore moins à l'exécution des lois, je vous dénonce par une déclaration qui vient de m'être faite par le citoyen Jean Rollet, maire de La Motte Tilly, contre le nommé Thomas Roussat, garde-chasse du citoyen Terray, en présence des citoyens Silvain Legros, maçon, résidant à La Motte Tilly et Jean Laudy manouvrier, et Jean Gabriel Moreau, maréchal, demeurant aussi à La Motte Tilly, a dit hautement qu'il voyait le départ des garçons avec horreur, en ce qu'il voyait partir son garçon ainsi que les autres, pour défendre des sacrés gueux, que si c'était comme autrefois, pour défendre la cause d'un roy, que ça ne lui ferait aucune peine.

« *Signé* : Vallet, commissaire (1) ».

La confrontation de Roussat avec ses dénonciateurs et les témoins des faits, devant le maire et une partie du conseil général de la commune et le procès-verbal qui en a été dressé sous ses yeux, font entrevoir à Roussat le danger qui plane sur sa tête ; aussi ne reste-t-il pas inactif pour tenter de le conjurer. Sur sa demande, les membres du conseil général qui lui sont favorables s'assemblent à leur tour le lendemain lundi 28 septembre à la maison commune ; ils appellent aussi devant eux les témoins et les dénonciateurs. La réunion est assez mouvementée. Sur l'invitation de Roussat, le maire Rollet s'y était rendu, ainsi que le greffier Dusacq et les officiers Fayolle et Pagnier. Au milieu de la discussion, qui était très vive, le maire écrivit une lettre à l'adresse du commissaire de police Vallet, tendant à

1. Archives Nationales W 1 b, 381,

mettre à néant la déclaration qu'il lui avait faite la veille. Cette lettre est aussitôt signée par le procureur de la commune Jacquet et les officiers Cain, Doridant et Laudy père, puis le maire se ravisant, refuse de la signer. Les officiers municipaux dissidents du maire et le procureur de la commune, résument alors la séance dans la lettre suivante qu'ils adressent eux-mêmes au commissaire de police, en s'arrogeant, comme leurs collègues adverses, dans le procès-verbal de la veille, la prétention de parler au nom du conseil tont entier :

« Du 28 septembre 1793, l'an 2e de la Rép. Française.

« Citoyen Vallet, la déposition que vous avez prise hier, sur « la déposition qui avait été faite au maire par les citoyens Le- « gros et Jean Laudy, nous a donné lieu d'assembler le conseil « de notre commune, afin d'interpeller les citoyens déposants ; « nous avons interpellé le citoyen Jean Moreau, lequel nous lui « avons demandé s'il avait entendu tenir ces propos au dit Rous- « sat. Il nous a répondu qu'il ne pouvait pas véritablement sou- « tenir cela, qu'il n'avait pris aucune attention à ce qu'il avait « dit ; nous avons après, interpellé la citoyenne veuve Bègue, et « nous lui avons demandé si elle avait entendu ces propos ; elle « nous a répondu qu'elle n'avait rien entendu. Nous avons inter- « pellé aussi les deux autres citoyens Jean Laudy et Sylvain « Legros. Il nous ont répondu qu'il se pourrait aussi avoir mal « entendu, le vent causant de l'interruption pour empêcher d'en- « tendre. C'est pourquoi nous pensons que cela peut être nul et « de nul effet.

« Les officiers municipaux de La Motte Tilly.

« *Signé* : Jacquet, procureur de la commune, Georges « Doridant, officier, Pierre Cain, officier et J. Laudy (1) ».

Cemme il l'avait fait de la déclaration de Rollet, le commissaire Vallet renvoie cette lettre au Comité de aurveillance de Nogent.

1. Archives Nationales, W 1 b 331.

V

Arrestation de Roussat

Vaines Interventions en sa faveur

Pourvu de ces deux documents, le Comité de Nogent, semblant s'arrêter davantage au premier qu'au second, ordonne l'arrestation de Roussat, en ces termes :

« Le 2 octobre 1793 à 5 heures de relevée (1).

« Le Comité s'est assemblé au lieu ordinaire de ses séances.

« Le Comité a arrêté que, pour satisfaire à la loi, il allait « requérir la force armée, à l'effet de se transporter à La Motte « Tilly pour y mettre en état d'arrestation le nommé Thomas « Roussat, garde du citoyen Terray demeurant en la maison du- « dit Terray, et le transférer aux maisons d'arrêt de ce district.

« *Signé* : Regnoul, président ; Gillon, Busset, Guénard, « Redot, Blacque-Levif, Dufour, Gillon-le-Jeune » (2).

Comme à cette époque, il n'était pas d'usage d'ajourner au lendemain l'exécution des ordres de la loi, il est probable que l'arrestation de Roussat dut avoir lieu le jour même, sur les six heures du soir. Nous n'avons aucun détail sur les circonstances dans lesquelles fut exécutée cette opération.

La nouvelle se répand sans tarder à La Motte et dans les communes voisines, et y provoque une émotion considérable, en même temps qu'une belle manifestation de fraternité et de solidarité comme notre grande République en a donné tant d'exemples. C'est, qu'au demeurant, la bonté de M. et Mme Terray, a amené sur leur maison une popularité et une sympathie de bon

1. Nos lecteurs remarqueront que jusqu'ici, ce sont toujours les dénominations du calendrier grégorien qui sont employées. Le calendrier républicain dont on fait honneur aux idées géniales de Gilbert Romme et à la poésie harmonieuse de Fabre d'Eglantine, ne fut mis en usage qu'un mois après, à la fin d'octobre 1793.

2. Archives de l'Aube. L. 4, 18.

aloi, de la part des paysans voisins. Aussi les jours suivants, ceux-ci viennent-ils en nombre, trouver le commissaire de police Vallet, et témoigner auprès de lui en faveur du civisme de Roussat, réclamant son élargissement.

Vallet se laisse toucher, et fait part de ces interventions, en les appuyant, au Comité de surveillance de Nogent :

« Ce 12 du 2e mois de la 2e année de l'ère républicaine,

« Citoyens,

« Permettez que je vous prévienne que depuis plusieurs jours il s'est présenté à moi, plusieurs personnes de La Motte, de Fontenay, de Gumery, qui réclament le citoyen Roussat, détenu dans la maison d'arrêt de notre ville, déclarant qu'ils n'ont jamais reconnu aucun incivisme de lui, au contraire, qu'il ne s'est jamais porté qu'à faire du bien à beaucoup de personnes. L'on m'assure que les citoyens Moreau, Jean Laudy et Silvain Legros, ses premiers dénonciateurs, disent présentement qu'ils ont mal entendu, le vent leur causant de l'interruption. Et ayant appris depuis qu'ils ont fait leurs dénonciations, que les paroles dont s'est servi le citoyen Roussat ne sont point des paroles contre-révolutionnaires, c'est pourquoi j'ai cru devoir vous instruire de tout ce qui m'est rapporté, afin de vous mettre à portée de pouvoir connaître quel doit être le sort de Roussat, afin de pouvoir lui donner son élargissement, si vraiment il ne s'est point permis de paroles aussi graves que celles qui sont énoncées dans la dénonciation.

« Il m'a été assuré par différentes personnes qu'elles étaient persuadées que jamais le citoyen Roussat ne s'était permis de rien dire, ni rien faire qui puisse nuire à la Révolution.

« C'est pourquoi je laisse à votre sagesse, à votre lumière et à votre justice, de juger du sort de ce citoyen et de lui donner un prompt élargissement si la loi parle en sa faveur. Quoique je sois son dernier dénonciateur, j'aime à vous persuader que je serais aussi prompt à le faire délivrer, étant sûr de son innocence, comme je l'ai été à le dénoncer après la dénonciation qui m'a été faite par le maire de La Motte.

« Je vous prie, citoyens, de me croire celui qui aime la justice et l'exécution des lois, comme celui d'être votre concitoyen.

« Salut et Fraternité.

« *Signé*: Vallet (1) ».

1. Archives Nationales, W 1 b 381.

Cette lettre est visée par Busset, président du Comité et Degand secrétaire, mais le Comité reste impassible malgré cet appel véhément.

Ce mutisme, qui dure depuis plus de deux mois, détermine la veuve Bègue à tenter le 17 brumaire (23 décembre 1793), une nouvelle démarche auprès de ce Comité à qui elle fait une déposition tendant à innocenter Roussat :

« Cejourd'hui 17 frimaire an 2. Les membres composant le « Comité de surveillance, se sont assemblés au lieu ordinaire de « leurs séances.

« Et à l'instant est comparue la citoyenne Angélique Fayolle « veuve Bègue domiciliée à la Motte Tilly.

« Laquelle a dit que le 22 Septembre dernier, étant dans la basse-cour du citoyen Terray à la Motte Tilly, où étaient aussi les citoyens Roussat,garde chasse; Moreau, maréchal, Jean Laudy, et Silvain Legros, maçons. La conversation étant tombée sur la réquisition des jeunes gens. Moreau dit : « Me voilà pourtant détellé, puisque mon neveu va partir, et que je n'ai point de garçon ; à quoi la déposante répondit : « Comment, vous vous chagrinez, et moi qui suis veuve et qui n'ai qu'un garçon, il faut bien que j'en prenne mon parti, tout ce que je désire c'est qu'il ne revienne point estropié. » Sur quoi le nommé Roussat dit : Eh bien moy, j'en ai un sacré gueux, qui ne vaut rien, qui renie père et mère, et qui s'est endetté de plus de 50 francs, et cela me fera de la peine quand il partira, » Laquelle a déclaré être tout ce qu'a dit Roussat. Interpellée de dire si sa déclaration contenait la vérité, a dit que oui et affirmé. Requise de signer la déclaration, a répondu ne le sçavoir. Et la séance a été levée à 9 heures du soir.

« *Signé* : Regnoul, Dufour, Fromonnot, Augé, Guénard, Pibault, Gillon aîné, Gilon le jeune, Redot, Blacque, Busset » (1).

A la suite de cette déposition, le Comité de Nogent, par une délibération du 24 du même mois, arrête que toutes les dénonciations et dépositions qui leur seront faites, ainsi qu'à la municipalité, seront transmises à la Convention Nationale.

Il est manifeste par là que le Comité tient de plus en plus à se laver les mains de cette affaire.

De son côté, appuyant la fraction du Conseil général et les témoins favorables à Roussat, le Comité de surveillance de La Motte entre en scène en sa faveur, pour recueillir les déclarations de ces derniers. A cet effet, après que son président fût allé prendre au Comité de Nogent, connaissance des pièces qui y étaient

1. Archives de l'Aube, L 4, 19.

renvoyées, il s'assemble le 26 Frimaire, comme l'atteste le procès verbal qui en est dressé :

« Cejourd'hui 26 frimaire l'an 2e de la République Française « une et indivisible, séance tenant en son lieu ordinaire

« Est comparue Angélique Fayolle veuve de Jean Bègue qui « nous a dit que la dénonciation faite en second lieu contre le « citoyen Thomas Roussat, que le greffier de la municipalité avait « dit qu'elle était faite en son absence, et même qu'il se donne- « rait bien garde de la signer, attendu que la dite dénonciation « avait été écrite pendant le temps qu'il était en vendange à « Hermé chez sa tante. Et la dite Bègue a déclaré ne pas savoir « signer.

« Est comparu Nicolas Gouthier laboureur demeurant à la Motte, « lequel nous a déclaré que la femme de Gabriel Dusacq, greffier « de la municipalité, avait dit que le citoyen Rollet, maire, était « venu chez eux pour prendre le livre sur lequel la femme du dit « greffier ne voulait pas lui laisser prendre, il n'a pas laissé, « malgré elle, que de le prendre, et d'écrire la seconde dénoncia- « tion, lui étant seul, et que le dit Dusacq, greffier avait dit qu'il « se donnerait bien garde de la signer, et puis, après lui avoir fait « quelques remontrances, au sujet d'avoir laissé son livre à l'a- « bandon a dit qu'il s'en f... et qu'il la signerait. Après lecture « faite au dit Gouthier de sa déposition, il l'a signée.

« *Signé* : Nicolas Gouthier.

« Est aussi comparu Gabriel Thierry, manouvrier, demeurant « à La Motte, lequel nous a dit que Jean Rolland président avait « fait lecture de la dénonciation ci-dessus expliquée, et que le « dit Dusacq, greffier avait répondu qu'il n'en savait rien. Après « lecture faite au dit Thierry de la déclaration il l'a signée.

« *Signé* : Gabriel Thierry.

« Nous membres, après avoir entendu les témoins ci-dessus, « avons arrêté la séance les jour et an ci-dessus.

« *Signé* : Pelletier, Gabriel Jacquier, Moreau, Gouthier, Bos- « suat Joseph, Dupont, Rolland, président. » (1).

A l'issue de cette séance, et le jour même, le Comité en tien une extraordinaire, à laquelle il convoque Dusacq et sa femme à l'effet de leur faire déclarer que le procès-verbal de la dénoncia tion faite par les jeunes Laudy et Legros le 22 Septembre, était rédigé faussement, puisqu'il y accuse la présence du greffier, et que celui-ci était absent de La Motte ce jour-là.

Dusacq et sa femme se présentent à la chambre commune de la municipalité devant les membres du Comité dont les noms précèdent au nombre de sept. Ceux-ci rappellent à la femme

1. Archives de l'Aube, L, 4, 18.

Dusacq qu'elle avait déclaré que son mari était absent lorsque Laudy et Legros s'étaient présentés chez elle pour faire leur dénonciation, et que le procès-verbal qu'en avait dressé le maire ne portait pas la date à laquelle cette dénonciation avait été faite, puis ils reprochent à Dusacq d'y avoir laissé porter son nom comme s'il y eût été présent et de l'avoir signé.

Dusacq garde un silence obstiné, et sa femme répond seulement que si elle a fait aux membres du Comité une telle déclaration, c'était uniquement pour se moquer d'eux.

Les membres du Comité retournent dans la salle de leurs réunions, et dressent de cette entrevue le procès-verbal suivant, dont le style nébuleux et touffu, dénote le désappointement de ceux qui l'ont rédigé :

« Ce jourd'hui 26 frimaire an 2 de la République Française.

« Séance tenant extraordinaire, venant du greffe de la munici« palité.

« La séance est au sujet de la femme de Gabriel Dusacq, greffier, « et de son mari présent, qu'elle a dit au sujet de la dénonciation « dernière portée sur l'expédition, que le Comité de Nogent a « entre les mains, que la dite femme du greffier après nous avoir, « à sept des membres du Comité de la Motte, présents à la cham« bre commune de la municipalité et ayant fait des représenta« tions au dit greffier, tant à lui qu'à sa femme, que la dite dénon« ciation n'était point faite à la date de la première par la décla« ration du dit Dusacq et de sa femme, et que sa femme avait « répondu que si elle l'avait dit, c'était en se f... de nous. D'a« près cela, nous membres du Comité, nous sommes retirés au « lieu de nos séances et avons fait acte, les jour et an que dessus.

« *Signé :* Pelletier, Gabriel Jacquier, Moreau, Gouthier,
« Dupont, Bossuat Joseph, Rolland, président » (1).

Copie de ces procès-verbaux est envoyée au Comité de Nogent.

IV

Imprudente intervention de Rolland
Son arrestation
Pétition des habitants de La Motte en sa faveur

Parmi les citoyens les plus militants qui, à la Motte, s'emploient en faveur de Roussat, il y a lieu de remarquer Jean Rolland, tisserand, ancien maire, président du Comité de surveillance de la Commune. Il est lié d'amitié avec Roussat et en quelque sorte apparenté à lui, en ce sens que la femme de Roussat, est la marraine de celle de Rolland, et Roussat le parrain de son fils,

(1) Archives de l'Aube, E, 4, 18.

Malheureusement, son zèle l'entraîne trop loin et le porte à surenchérir sur les précédentes démarches en faveur de Roussat, sans penser à envisager quelles pouvaient en être les conséquences, surtout en cas d'échec. Il a la malencontreuse idée de conseiller à la femme de Roussat, de solliciter du greffier, la complaisance d'enlever du registre de la municipalité la feuille sur laquelle est écrite la dénonciation de Laudy et de Legros, et de lui en substituer une autre sur laquelle on rédigerait à nouveau cette dénonciation, mais en des termes conformes à la thèse soutenue par Roussat et ses partisans.

Rolland sollicite lui-même le greffier de se prêter à cette substitution, lui faisant entrevoir qu'il recevrait une grosse récompense du château, mais Dusacq refuse catégoriquement, ajoutant qu'au péril même de sa vie, il ne ferait une chose pareille. Il porte la démarche intempestive de Rolland à la connaissance du maire et des officiers municipaux Fayolle et Pannier, et, de concert avec eux, en fait la dénonciation au comité de surveillance de Nogent.

Ce comité en prend acte et ordonne l'incarcération immédiate de Rolland.

« Cejourd'hui 27 frimaire, an II (18 décembre 1793), devant les membres composant le Comité révolutionnaire de Nogent-sur-Seine, assemblé au lieu ordinaire de ses séances, sont comparus :

« Les citoyens Rollet maire, Dusacq greffier, Fayolle et Pannier (1) membres du conseil général de la commune de La Motte Tilly, lesquels ont dit que la femme Roussat, et Rolland, président du Comité de La Motte, avaient proposé au dit Dusacq d'enlever du registre du greffe, les feuilles qui contenaient les dépositions faites contre le même Roussat et que lui Dusacq avait répondu qu'au péril de sa vie, il ne commettrait une pareille action.

« Ceci s'est passé en présence des citoyens Rollet, Dusacq, Fayolle et Pannier.

« Le Comité, après en avoir délibéré, prenant en considération le dire des citoyens Rollet, Dusacq, Fayolle et Pannier.

« Arrête que toutes les pièces contenant les dépositions faites contre Roussat, et les pétitions en sa faveur seront adressées au Comité de sûreté générale, près la Convention Nationale, pour être, par lui, pris un arrêté en sa sagesse, et, vu les deux der

1. Louis Pannier ou Pagnèz, manouvrier à La Motte était l'époux de Marie-Jeanne Massey. Il mourut à La Motte le 17 novembre 1818 à l'âge de 62 ans.

nières, déclare le citoyen Rolland en état d'arrestation jusqu'à plus ample information.

« *Signé:* Fromonnot, Redot, Gillon le Jeune, Regnault, Dufour, Busset, Gillon l'Aîné, Guénard et Pibaut » (2).

L'arrestation de Rolland porte le comble à l'émotion dans nos villages. A La Motte, une grande partie de la population se lève spontanément en sa faveur, et quatre jours après, une pétition couverte de signatures est remise au Comité de Nogent, rédigée dans les termes pathétiques que voici :

« Aux citoyens président et membres du Comité de Salut Public de Nogent-sur-Seine.

« Citoyens,

« Nous vous adressons la présente pour employer votre justice, au sujet du citoyen Jean Rolland, président de notre comité, détenu dans la maison d'arrêt de votre canton. Oui, citoyens, nous nous empressons de vous exposer sa misère et le chagrin de sa femme qui ne cesse de pleurer depuis son arrestation, de se voir restée avec deux enfants, qui n'ont aucune intelligence, vu leur petit esprit qui paraît blessé, et qu'elle va se trouver dans la plus grande indigence, de ne pouvoir procurer du pain à ces deux pauvres innocents, non plus qu'à elle-même, qui n'a aucun revenu autre que les seuls bras de son mary.

« Citoyens, nous vous dirons que le détenu a été maire l'espace de deux ans, et qu'il s'est empressé de faire exécuter la loi, avec la plus grande activité, et que cette place lui est devenue coûteuse, par les voyages qu'il était obligé de faire, pour tâcher de remplir cette place de tout son mieux.

« Nous espérons, citoyen qne votre humanité voudra bien lui faire grâce, et luy donner un prompt élargissement.

« Et avons signé ainssi :

« Rolland père, qui réclame votre justice, Party, J. Laudy, Gouthier, Petit, Pinguet, Pierre Parâtre, L.-G. Goutier, Hilaire Patry, Gabriel Rosard, Pierre Gouthier, G. Dupont, Hilaire, Dupont, Nicolas Poulain, Gabriel Jacquier, Pierre Parâtre, Jacques Goutier, G. Prêtat, Georges Doridant, E. Jacquet, Cochat, Pierre Rolland » (1).

Cette pétition est enregistrée sans aucune mention d'appui ni d'hostilité, par Busset, président et Chevalier secrétaire du Comité de Nogent, et versée au dossier de l'instruction de l'affaire.

1. Archives Nationales W. 1 b, 381.

VII

Enquête par le Juge de Paix

A la suite de l'arrestation de Rolland, et de la pétition en sa faveur, le Comité de surveillance de Nogent, passe au juge de paix du canton, l'ordre de procéder à une enquête approfondie de l'affaire, par l'audition, tant des prévenus, que des témoins à charge et à décharge.

« Le Comité révolutionnaire de Nogent, au citoyen juge de paix du canton de Nogent Le 9 nivôse l'an second de la R. F.

« Nous te faisons passer, citoyen, une copie de dénonciation faite à notre Comité, contre les citoyens Roussat et Rolland. Nous l'avons reçue, comme tu le verras, le 27 Frimaire dernier, relative au gouvernement révolutionnaire; les citoyens incarcérés et prévenus de délits, doivent être renvoyés aux tribunaux chargés de l'application des lois criminelles et de police.

« Ainsi nous remettons cette affaire à tes soins, s'ils sont coupables, qu'ils soient punis, innocents qu'ils soient élargis.

« Salut et fraternité.

« Regnoul, Dufour, Gillon l'aîné, Augé, P.-L. Guénard, Pibaut, Blacque-Levif, et Fromonnot secrétaire » (1).

C'est seulement trois semaines après, qu'on voit le juge de paix entrer en action pour obtempérer à cet ordre. Cette lenteur peut paraître avoir été voulue, si l'on considère que le juge de paix était le propre gendre d'un des pétitionnaires, Gabriel Gouthier, chez qui il avait son habitation à Fréparoy.

Il commence son instruction le 25 nivôse, par l'audition des témoins à charge.

Ceux-ci sont au nombre de six :

1er témoin Jean Rollet, tissier demeurant à la Motte Tilly et maire du dit lieu, âgé de 40 ans, a dit n'être parent, allié ni serviteur du citoyen Roussat.

2e témoin. Nicolas Fayolle, manouvrier à la Motte Tilly, âgé de 43 ans, a dit être parent au 4e degré de la femme du citoyen Roussat.

3e témoin. Louis Pannier, manouvrier à la Motte Tilly a dit n'être parent, ni allié, ni serviteur du citoyen Roussat, âgé de 34 ans.

1. Archives de l'Aube, L, 4, 19.

4· témoin. Gabriel Dusacq, tissier à la Motte Tilly et greffier de la municipalité, âgé de 27 ans, a dit n'être parent, allié, serviteur ni domestique du citoyen Roussat.

5· témoin. Angélique Fayolle, veuve de Jean Bègue, manouvrière à La Motte Tilly, âgée de 44 ans.

6· témoin. Jean Moreau, maréchal à La Motte, âgé de 49 ans et demi, a dit n'être parent, etc.

Les dépositions des quatre premiers ne furent que la réédition de la dénonciation faite par Laudy et Legros.

Les deux derniers déclarèrent que les paroles prononcées par Roussat n'étaient pas celles que lui avaient prêtées Laudy et Legros.

Le deux pluviôse le juge passe à l'interrogatoire des inculpés.

INTERROGATOIRE DE ROUSSAT

— Cejourd'hui 2 Pluviôse, l'an 2 de la République une et indivisible, nous Jean Brévignon, juge de paix du canton de Nogent-sud-Seine, et officier de la police judiciaire du canton, demeurant à Fréparoy, assisté du citoyen Jean Degand, notre greffier. Nous sommes assemblés au lieu ordinaire de nos audiences, à l'effet d'interroger le citoyen Roussat détenu dans la maison d'arrêt du dit Nogent, sur les dénonciations faites contre lui au greffier de la municipalité de la Motte le 22 septembre dernier, envoyée au comité de surveillance de Nogent, et à nous renvoyée par le dit comité.

Auquel Roussat, nous avons demandé ses nom, âge, qualité et demeure.

A dit qu'il s'appelle Thomas Roussat, garde du citoyen Terray, demeurant à La Motte Tilly, âgé de 56 ans.

Interrogé s'il a connaissance de la déposition faite contre lui.

A répondu, que oui.

Interrogé s'il ne s'est pas permis en présence de Jean Laudy, maçon et Sylvain Legros aussi maçon, des propos contre-révolutionnaires et d'aristocratie.

A répondu que non.

Interrogé s'il connaît les dits Laudy et Legros.

A répondu que oui.

Interrogé s'il a eu quelques conversations avec les dits Laudy et Legros.

A répondu que non.

Interrogé s'il n'a pas dit en leur présence que son fils devait partir pour la première réquisition, qu'il en était très fâché, quoiqu'il ne valût pas grand'chose, que c'était pour aller soutenir des sacrés gueux, que si c'était pour aller comme cy-devant soutenir l'armée royaliste, cela ne lui ferait pas de peine.

A répondu qu'il n'a jamais tenu de pareils propos.

Interrogé si des propos n'ont pas été tenus en présence de Jean Moreau, maréchal et de la veuve Bègue.

A répondu que oui.

Interrogé quel était le sujet de leurs conversations.

A répondu que le dix-neuf septembre 1793 (vieux style) s'étant trouvé avec le citoyen Moreau et la veuve Bègue, ledit Moreau parla de son neveu et la veuve Bègue de son fils, en disant : « Voilà nos enfants qui vont partir ». A quoi ledit répondit qu'il en avait un chez lui, sacré gueux, qui ne respecte ni père ni mère, et que cela lui ferait encore de la peine quand il partirait.

Interrogé si les dits Laudy et Legros étaient présents lors de cette conversation.

A répondu qu'il n'y avait que Jean Laudy, et un de ses cousins, neveu de Jean Laudy père, et un petit jeune homme faisant le mortier, et non le dit Legros, qu'ils travaillaient à la maçonnerie sur un échafaud d'environ dix pieds de hauteur, et à environ trente pieds de distance, qu'il faisait un grand vent, qui pouvait les empêcher d'entendre ce qu'ils disaient.

Interrogé si le citoyen Rollet, maire de la commune de La Motte, n'a pas fait avertir ledit Roussat le 22 septembre 1793 (vieux style) jour de la dénonciation, dix heures du matin, pour être présent à l'interpellation qu'il a faite aux citoyens Laudy et Legros.

A répondu que non, mais que le lundi 23 septembre, il a fait assembler les citoyens Georges Doridant, Pierre Cain, officiers municipaux, Nicolas Jacquet procureur de la Commune, Jean Moreau, la veuve Bègue, Jean Rollet maire, Jean Laudy, Sylvain Legros, Jean Laudy père et Laudy son neveu, à l'effet de se transporter à la maison commune, pour connaître la dénonciation faite contre lui, par les dits Laudy et Legros, qu'il leur demanda s'il était vrai qu'il ait tenu les propos contenus dans la dénonciation, à quoi le dit Laudy répondit qu'il pouvait s'être trompé, d'après l'interruption du vent, et qu'il avait mal entendu, et que sur la dénonciation dudit Jean Laudy, le citoyen Rollet écrivit une lettre au citoyen Vallet, percepteur des impositions demeurant à Nogent, portant le désistement de la dénonciation faite par le dit Laudy, qu'il a signée avec les citoyens Doridant, Pierre Cain et Nicolas Jacquet, et que le dit Rollet refusa de signer, quoiqu'elle fût écrite de sa main, pour en être fait lecture à la Société populaire, en séance publique.

Interrogé s'il n'a pas fait une gageure de quatre bouteilles de vin avec le citoyen Nicolas Fayolle, dans la pièce appelée Frénoy, finage de Courceroy, en présence de Jacques Bénard manouvrier à La Motte, que l'ennemi serait ici avant le 15 août 1792 (vieux style), et s'il n'a pas remis la somme de trois livres équivalent des quatre bouteilles de vin au dit Fayolle.

A répondu qu'il a conaissance d'avoir fait cette gageure de trois bouteilles de vin au lieu de quatre, mais qu'il ne l'a fait qu'après avoir vu sur les papiers publics que l'ennemi était à Longwy, et que la dite gageure a été faite pour la fin d'août, et qu'il lui a donné trois livres, non pour avoir perdu, mais bien par charité.

Interrogé si le dit Fayolle n'a pas demandé au dit Roussat, la valeur des quatre bouteilles de vin, en présence des citoyens Rollet, Pannier, Dusacq et Doridant, le 22 septembre 1793, chez le dit Dusacq.

A répondu que non, et qu'il n'a point paru chez Dusacq ce jour-là.

Interrogé s'il persiste dans ses dires, et s'il n'a rien à ajouter.

A répondu qu'il y persistait et qu'ils étaient sincères et véritables.

Et après lecture faite, il a signé avec nous.

Fait et arrêté les jour et an que dessus.

Et avons signé avec notre greffier.

Signé : Roussat, Brévignon et Degand, greffier ».

INTERROGATOIRE DE ROLLAND

— « Cejourd'hui, deux pluviôse, l'an 2e de la République, une et indivisible, deux heures de relevée,

Nous, Jean Brévignon, juge de paix du canton de Nogent et officier de police judiciaire du canton, demeurant à Fréparoy, assisté du citoyen Jean Degand, notre greffier, assemblés au lieu ordinaire de nos audiences, à l'effet d'interroger le nommé Rolland, manouvrier à La Motte, détenu dans la maison d'arrêt de Nogent, en vertu de la dénonciation faite contre lui en date du 27 Frimaire dernier.

Auquel nous avons demandé ses nom, âge, qualité et demeure.

A dit qu'il s'appelle Jean Rolland, manouvrier demeurant à La Motte Tilly, qu'il est âgé de 40 ans.

Interrogé s'il a connaissance de la dénonciation faite contre lui.

A répondu que oui.

Interrogé s'il a été avec la citoyenne Roussat, chez les citoyens Fayolle et Pagnier, pour les engager à se transporter à la maison commune, à l'effet d'oter une feuille du registre où était la dénonciation du citoyen Thomas Roussat, garde.

A répondu qu'il n'a aucune connaissance des faits à lui imputés, et qu'il n'a jamais parlé à la citoyenne Roussat au sujet de la dénonciation faite contre son mari.

Interrogé s'il n'a pas envoyé chercher une feuille de papier marqué par la citoyenne Roussat, pour mettre en place de celle qu'il voulait faire enlever.

A répondu que non.

Interrogé si lors de sa réunion avec les citoyens Fayolle et Pannier à la maison commune, il n'a pas proposé aux citoyens Rollet, Dusacq, Pagnier et Fayolle, d'enlever une feuille du registre où était la dénonciation dudit Roussat.

A répondu qu'effectivement, il est allé à la maison commune le jour de l'arrestation de Roussat, accompagné de la veuve Bègue, où étaient les citoyens Nicolas Goutier, Gabriel Thierry et ledit Dusacq ; que la veuve Bègue a demandé au dit Dusacq la lecture de la dénonclation faite contre Roussat, pour savoir si elle n'était pas inculpée dans cette dénonciation, que le déposant en fait la lecture et dit à Dusacq que le procès-verbal lui paraissait faux ; à quoi Dusacq répondit qu'il l'était en effet, et qu'il se garderait bien de le signer.

Interrogé si la femme Roussat était présente lorsqu'il fit la lecture de la dénonciation contre son mari.

A répondu que non.

Interrogé s'il n'a pas dit au dit Dusacq que s'il voulait oter la feuille du registre, cela lui vaudrait gros.

A répondu que non.

Interrogé s'il ne s'est pas offert à parapher la feuille de papier qui devait remplacer celle qu'il voulait faire oter.

A répondu que non, et qu'il n'a jamais fait de telles propositions.

Interrogé s'il persiste dans ses dires, et s'il a quelque chose à ajouter.

A répondu qu'il désirerait savoir si la municipalité de la Motte a fait un procès-verbal pour les faits qu'on lui impute, et qu'on lui cite le jour où on l'accuse d'avoir été engager la municipalité d'enlever la feuille du registre où est portée la dénonciation de Roussat.

Lecture faite, de son interrogatoire, l'a déclaré sincère et véritable.

Et a signé avec nous et notre greffier les jour et an sus dits.

Signé: Rolland, Brévignon, juge de paix, et Degand greffier. »

— Enfin le 5 pluviôse, le magistrat passe à l'interrogatoire des témoins à décharge, au nombre de trois.

1er témoin. Pierre Cain, officier municipal et manouvrier à Fréparoy, âgé de 33 ans.

2e témoin. Nicolas Jacquet manouvrier demeurant à l'Ormeau, cy-devant procureur de la Commune, âgé de 45 ans.

3e témoin. Georges Doridant, tailleur d'habits demeurant à La Motte, âgé de 50 ans.

Leur déposition porte sur l'entrevue qui eût lieu à la maison commune le lundi 23 septembre, et qu'ils racontent de la même façon que Roussat.

L'enquête est close par l'audition de Doridant le 6 pluviôse.

VIII

L'affaire est soumise au Tribunal criminel de l'Aube Incompétence. Renvoi devant le Tribunal Révolutionnaire

Il est facile de voir, par tout ce qui précède que si, à La Motte les deux camps, pour et contre les poursuites, sont nettement caractérisés, à Nogent, au contraire, toutes les autorités judiciaires évitent, chacune de leur côté, de se prononcer catégoriquement à cet égard. Le Comité de surveillance lui-même, bien qu'il eut ordonné sans hésitation, l'arrestation des deux prévenus, se trouve ébranlé par les démarches et pétitions présentées en leur faveur, mais semble bien ne pas vouloir assumer la responsabilité d'un arrêté qui leur soit nettement favorable ou défavorable. Après avoir hésité devant le renvoi au Comité de sûreté générale à Paris, il prend un moyen terme tendant à l'atténuation des sanctions, en transmettant le dossier de l'instruction à l'accusateur public près le tribunal criminel du département à Troyes, espérant, sans nul doute que, devant cette juridiction moyenne, la peine encourue serait mitigée.

Il ne devait malheureusement pas en être ainsi. Le Comité se trouve déçu dans ses prévisions.

Assemblé seulement en la Chambre du Conseil, où son accusateur public lui donne communication des pièces ci-dessus reproduites, le Tribunal ne croit pas devoir évoquer l'affaire à son siège ; se déclarant incompétent, sans même appeler les accusés devant lui, il les renvoie devant le Tribunal Révolutionnaire et ordonne leur transfert dans les prisons de la Conciergerie à Paris:

« Ce jourd'hui, 18 ventôse, 2e année de la République Française une et indivisible,

« Le Tribunal étant assemblé en la Chambre du conseil,

« L'accusateur public a exposé qu'il lui a été adressé deux procédures suivies devant le juge de paix du canton de Nogent-sur-Seine, l'une contre Thomas Roussat, garde-chasse pour le citoyen Terray, propriétaire à La Motte Tilly, prévenu d'avoir tenu des propos contre-révolutionnaires, l'autre contre Jean Rolland, manouvrier au dit lieu, prévenu d'avoir voulu soustraire le dit Roussat aux suites auxquelles la dénonciation faite contre lui le 22 septembre dernier (vieux style) pouvait donner lieu.

« Qu'il en réfère au Tribunal, pour, après communication prise des procédures, être statué à l'égard des dits prévenus, conformément à la loi et à la nature des crimes qui sont de la compétence du Tribunal Révolutionnaire.

« Sur lequel exposé, le Tribunal, après avoir entendu l'accusateur public et pris communication des procédures.

« Considérant que la nature des délits dont sont prévenus les dits Roussat et Rolland n'est pas de la compétence du tribunal.

« Ordonne qu'à la diligence de l'accusateur public, les dits Thomas Roussat et Jean Rolland seront transférés sous bonne et sûre garde en les prisons de la Conciergerie à Paris, que les procédures qui les concernent seront adressées au citoyen accusateur public près le Tribunal révolutionnaire pour être, par ce tribunal, statué ainsi qu'il appartiendra.

« Ainsi signé sur les registres :

« Jeannet, Desjardins, Dariat, Vanier, Parisot et Mallet, ce dernier greffier » (1).

1. Archives Nationales, W, 381, pièce 56.

Comme il est facile de s'en rendre compte, cette décision préjudicielle avait été rendue hors la présence des inculpés, qui étaient restés pendant ce temps, à la prison de Nogent.

IX

Transfert des Accusés à Paris
Leur incarcération à Sainte-Pélagie

La décision stupéfiante du Tribunal criminel de l'Aube, aggrave plus que les condamnations qu'on le supposait devoir prononcer, la situation des deux imprudents citoyens de la Motte.

Toutefois, la mise à exécution en est encore différée d'un mois, et c'est seulement le 18 ventôse que l'accusateur public en transmet la substance au commandant de la gendarmerie du département avec réquisition de transférer les deux prévenus, de la maison d'arrêt de Nogent, aux prisons de la Conciergerie à Paris.

Cette réquisition, accompagnée de toutes les pièces de la procédure, est adressée cinq jours après, par le commandant à la brigade de Nogent. Elle y arrive le 23 ventôse, à un moment où le gendarme Huguier était seul à la caserne. Comme le commandant n'y avait joint aucun ordre direct de sa part, le gendarme Huguier ne se croit pas suffisamment autorisé, pour exécuter lui-même, une réquisition de l'autorité judiciaire, sans un ordre direct de ses chefs hiérarchiques. Il en réfère donc à l'agent national du district qui prend alors l'arrêté suivant :

« Egalité, Liberté, Fraternité !

« Nogent-sur Seine, 23 Ventôse l'an 2 de la République une et indivisible (14 mars 1794).

« L'agent national près le district de Nogent-sur-Seine au citoyen officier commandant la gendarmerie nationale résidant à Nogent-sur-Seine.

« Vu l'exposé qui m'a été fait par le citoyen Huguier gendarme à la résidence de Nogent, en l'absence de tous les officiers de gendarmerie à la dite résidence, qu'il vient de recevoir, par la correspondance, un réquisitoire du citoyen accusateur public près le Tribunal criminel de l'Aube, adressée au commandant de gendarmerie nationale du département, en date du 18 du présent mois, à l'effet de faire transférer les citoyens Roussat et Rolland, prévenus de crimes contre-révolutionnaires, de la maison d'arrêt dudit Nogent, où ils sont détenus, aux prisons de la Conciergerie à Paris, pour être jugés par le Tribunal révolutionnaire; qu'à ce réquisitoire auquel est joint un paquet de pièces relatives aux prévenus, il ne s'est point trouvé d'ordre de commandement de la gendarmerie du département, sans lequel les dits prévenus ne peuvent être transférés à Paris, au désir du dit réquisitoire.

« Vu enfin le dit réquisitoire.

J'invite le citoyen commandant la gendarmerie de Nogent ou autre le représentant, à faire transférer sans délai les dits prévenus de la dite maison d'arrêt de Nogent aux prisons de la Conciergerie à Paris, et conduire de brigade en brigade.

« L'agent national près le district de Nogent-sur-Seine.

« Laporte » (1).

Donc le 24 ventôse an 2 (15 mars 1794), Roussat et Rolland sont extraits de la prison de Nogent par la gendarmerie et s'acheminent vers Paris, par la route de Provins, telle que nous la voyons aujourd'hui ; les gendarmes de Nogent les accompagent jusqu'à Provins ; là ils les remettent à la gendarmerie de ce district qui les conduit à Nangis, et ainsi de suite à Melun, Brie-Comte-Robert, etc . . .

Il est à croire qu'ils eurent le temps de prévenir leurs familles et leurs amis de leur départ, ou que ceux-ci s'y attendaient depuis la décision du Tribunal de Troyes, car quelques notes et la tradition, notamment celle de la famille Rolland nous apprendront qu'ils furent accompagnés par la femme de Rolland qui se désespérait et qui, toujours d'après la tradition, aurait emmené avec elle ses deux enfants âgé de 5 et 6 ans, par Pierre Rolland son frère et Edme Dauphin maître d'école à La Motte, qui espéraient encore pouvoir tenter quelque chose en leur faveur à Paris.

Nous n'avons pas besoin de faire ressortir dans quelles transes fut accompli ce voyage, ni à quel point ceux qui l'accomplirent pouvaient être déprimés.

Lenôtre dans *Le Tribunal Révolutionnaire*, p. 258, donne un mot d'aspect des prisons de Paris. « On y voit beaucoup de no- « bles, d'ecclésiastiques, prêtres réfractaires, et des villageois « mêmes, qui, harassés par un long voyage, ont l'allure de nau- « fragés ».

Arrivés à Paris, Roussat et Rolland sont incarcérés à Sainte-Pélagie (2) et non à la Conciergerie ; c'est à tort que le Tribunal

1. Archives Nationales, W I b 381, pièce n° 57.
2. Archives Nationales, W I b, 381, pièce n° 62.

de Troyes avait ordonné leur départ dans cette dernière maison; les prévenus du Tribunal révolutionnaire, aussi bien ceux arrêtés à Paris, que ceux venant de province, étaient détenus dans les différentes prisons de Paris, excepté à la Conciergerie. En raison de la proximité de celle-ci avec le Tribunal, ils n'y étaient transférés que sur une réquisition de Fouquier-Tinville, lorsqu'ils étaient pour comparaître incessamment devant le tribunal, généralement la veille.

Quinze jours après leur arrivée, le 9 germinal (30 mars 1794) à midi, ils sont amenés au Palais de justice, où l'un des juges leur fait subir un bref interrogatoire, et leur assigne un défenseur.

Interrogatoire de Roussat

« Cejourd'hui 9 germinal, an 3, de la République une et indivisible. Heure de midi.

Nous, Gabriel Deliège, juge-président du Tribunal révolutionnaire, établi à Paris par la loi du 10 mars 1793 sans aucun recours au Tribunal de cassation, et encore en vertu des pouvoirs délégués au tribunal par la loi du 5 avril de la même année, assisté de Jean Fabre, greffier, en l'une des salles de l'auditoire du palais, en présence de l'Accusateur public.

Avons fait amener de la maison de Sainte-Pélagie, le nommé Roussat, auquel nous avons demandé ses nom, âge, profession, pays et demeure.

A répondu se nommer Thomas Roussat, âgé de 56 ans, natif de Quincey, demeurant à La Motte, garde des bois du nommé Terray à La Motte Tilly.

Lecture faite de l'interrogatoire par lui subi le 2 pluviôse dernier, par devant le juge de paix de Nogent-sur-Seine, lui avons demandé s'il persiste dans les réponses par lui faites au dit interrogatoire.

R. Qu'il persiste dans ses réponses et qu'elles contiennent vérité.

D. S'il n'a pas été excité par quelqu'un à tenir ces propos contre-révolutionnaires.

R. Non.

D. S'il a un défenseur.

R. Non.

Pourquoi nous lui avons nommé Boutroux, avocat.

Lecture faite, persiste, et a signé avec nous et le greffier.

Signé : Roussat, Deliège, Fabre (1).

1. Archives Nationales, W, I 8. 301, pièce 62.

Interrogatoire de Rolland

Cejourd'hui, 9 germinal de l'an 2 de la République Française une et indivisible, heure de midi.

Nous Gabriel Deliège, juge-président du Tribunal révolutionnaire, établi à Paris par la loi du 10 mars 1793 sans aucun recours au Tribunal de cassation, et encore en vertu des pouvoirs délégués au Tribunal par la loi du 5 avril même année, assisté de Jean Fabre, commis-greffier au tribunal, en l'une des salles de l'auditoire au Palais, et en présence de l'accusateur public.

Avons fait amener de la maison de Sainte-Pélagie, le nommé Rolland, auquel nous avons demandé ses nom, âge et profession, pays et demeure.

A répondu se nommer Jean Rolland, âgé de 40 ans, natif de La Motte Tilly, district de Nogent-sur-Seine, manouvrier demeurant à La Motte, ancien maire de la dite commune.

Lecture faite de l'interrogatoire par lui subi le 2 pluviôse dernier, par devant le juge de paix de Nogent-sur-Seine, lui avons demandé s'il persiste dans les réponses par lui faites au dit interrogatoire.

R. Qu'il persiste.

D. S'il a un conseil.

R. Non.

Pourquoi nous lui avons nommé Boutroux.

Lecture faite, persiste.

Et il a signé avec nous et le greffier.

Signé : Rolland, Deliège, Fabre (1).

X

L'Acte d'Accusation de Fouquier-Tinville

A la suite de leur interrogatoire par le juge d'instruction Deliège, Roussat et Rolland, sont reconduits et réintégrés à Sainte-Pélagie.

1. Archives Nationales, W 1 b 381, pièce 63.

Le 22 Floréal suivant (12 mai 1794), l'accusateur public les fait transférer cette fois à la Conciergerie et établit son réquisitoire contre eux. Cet acte est commun à treize accusés; en voici le texte :

« Antoine-Quentin Fouquier, accusateur public près le Tribunal révolutionnaire, établit à Paris, par la loi du 10 mars 1793 l'an 2 de la République, sans aucun recours au Tribunal de cassation, en vertu du pouvoir à lui donné par l'article deux d'un autre décret de la Convention, du 5 avril suivant, portant que l'accusateur public du dit tribunal est autorisé à faire arrêter, poursuivre et juger sur la dénonciation des autorités constituées ou des citoyens.

« Expose que les nommés ci-après ont été constitués prisonniers et traduits au Tribunal révolutionnaire, par les autorités constituées de leurs cantons, que toutes les pièces concernant les accusés ont été déposées au greffe, et qu'ils ont été interrogés.

« Qu'examen fait des dites pièces il en résulte que tous les accusés sont prévenus d'avoir conspiré contre la République chacun dans leurs genres, ainsi qu'il va être détaillé :

1. Que Charles-François Mercier-Daubelille, ci-devant président de l'élection de Pithivier, juge au tribunal du district de la même commune......

2. Que François Gosselin.....

3 Qu'Isidore Bastin, liégeois, détenu dans la maison d'arrêt des Madelonnettes.. ..

4. Que Jean Vandendock, belge et déserteur de l'Empire autrichien......

5. Que Marianne-Elisabeth-Victoire Leclère veuve Labatty, demeurant à Paris......

6. Qu'Angélique Jacquemont veuve Badel, demeurant à Paris, section du Contrat Social.....

7. Que Thomas Roussat, garde des bois de Terray demeurant à La Motte Tilly, lors de la levée de la première réquisition, dans laquelle son fils était compris, dit publiquement que, quoique son fils fut un mauvais sujet, il était fcâhé de son départ, parce que c'était pour aller soutenir des forcés gueux, et que cela ne lui ferait pas tant de peine, si ce même fils partait pour aller servir dans les armées royalistes, comme autrefois. Que dans le courant de 1792, il paria trois livres avec un citoyen, que l'ennemi serait en France avant le 15 d'août suivant, laquelle gageure il a perdue et payée.

8. Que Jean Rolland ex-maire, habitant la même commune que Roussat, a cherché conjointement avec la femme du dit Roussat à corrompre les autorités constituées pour le soustraire au glaive de la loy, qu'à cet effet, il conseilla à la femme Roussat d'acheter une feuille de papier timbré, qu'ensuite il fût trouver le greffier de la municipalité avec elle, et lui proposèrent d'arracher du

registre, la feuille sur laquelle étaient contenues les dénonciations faites contre Roussat, qu'il n'y avait rien de si facile que d'y substituer la feuille de papier timbré apportée par la femme Roussat, et que cela lui vaudrait gros. Que le greffier, indigné d'une proposition aussi contre-révolutionnaire leur répondit qu'au péril de sa vie il n'en ferait rien, et que, quand il ne serait plus greffier, on ferait du registre, ce qu'on voudrait.

9. Que Jean Messager demeurant à La Ferté près de Meaux...

10. Que Jacques-Dauphin Chadebaud ex-noble, ancien chevau-léger, retiré dans le ci-devant château du Goursac (Lot ....

11 et 12. Que Nicolas Vial, demeurant à Charenton et Denise-Elisabeth Marchais sa femme....

13. Que Jean-Baptiste Hervieu, ministre protestant demeurant à Meaux.

« D'après l'exposé ci-dessus, l'accusateur public a dressé la présente accusation contre les nommés, Mercier-Daubelille. Josselin, Bastin, Van den Dock, veuve Labathie, veuve Badel, Roussat, Rolland, Messager, Chadebaud, Vial, femme Vial, et Hervieux, pour avoir conspiré à dessein, chacun à leur égard, contre la liberté et la souveraineté du Peuple français, en entretenant des correspondances criminelles, avec les ennemis de la République en provoquant la royauté et la dissolution de la représentation nationale, par les menaces et l'avilissement, en cherchant à avilir et à discréditer les autorités constituées, et comme fonctionnaire public en se soulevant contre la représentation nationale, en s'opposant à l'exécution de ses décrets.

« En conséquence, l'accusateur public requiert qu'il lui soit donné acte par le tribunal assemblé, de la présente accusation, qu'il soit ordonné qu'à la diligence, et par un huissier porteur de l'ordonnance à intervenir, les sus-nommés seront pris au corps, arrêtés et écroués sur les registres de la maison d'arrêt de la Conciergerie où ils sont détenus, pour y rester, comme en maison de justice, comme aussi que la dite ordonnance sera notifiée aux accusés.

« Fait au cabinet de l'accusateur public le 22 floréal, l'an deuxième de la République une et indivisible.

« *Signé* : A. G. Fouquier » (1)

Sur ce réquisitoire, le président du tribunal, fixe quatre jours après, le 26 floréal, la comparution de ces 13 accusés, au 18 prairial suivant, et fait donner assignation aux témoins pour cette date. Les témoins assignés sont au nombre de 15.

1. Archives Nationales, W, 1, 6, 381, pièce 60.

Voici le texte de l'assignation qui existe au dossier, mais sur lequel il est à remarquer que les six premiers noms figurent, et que les autres sont restés en blanc.

« Le 29e jour du mois de Floréal l'an second de la République une et indivisible (19 mai 1794),

« A la requête du citoyen accusateur public près le Tribunal révolutionnaire, en date du 26 du présent mois de floréal.

« Jean-Edme Corpel premier huissier-audiencier en la cy-devant élection de Nogent-sur-Seine, demeurant au dit Nogent, muni du certificat de civisme au désir de la loi, soussigné.

« Donné assignation :

« 1. Au citoyen Jean Rollet maire de la commune demeurant à La Motte Tilly, en son domicile en parlant à sa personne.

« 2. Au citoyen Nicolas Fayolle, manouvrier demeurant au dit La Motte Tilly, en son domicile en parlant à sa femme.

« 3. Au citoyen Louis Pannier, aussi manouvrier demeurant au dit lieu, en son domicile, en parlant à sa mère qu'elle a dit être.

« 4. A la citoyenne Angélique Fayolle veuve de Jean Bègue demeurant à La Motte Tilly en son domicile, en parlant à sa personne.

« 5. Au citoyen Jean Laudy, maçon demeurant au dit La Motte Tilly, parlant à une fille qui n'a dit son nom, de ce sommée.

« 6. Au citoyen Silvain Legros aussi maçon demeurant au dit La Motte, en son domicile, qui n'a dit son nom, de ce sommé.

« Je etc., etc...

« A comparaître le 18 prairial prochain, huit heures du matin à l'audience du Tribunal révolutionnaire séant au palais, salle de..... pour prêter serment, et dire de déposer vérité sur les faits mentionnés en l'acte d'accusation dont lecture leur sera faite. Leur déclarant que faute par eux de s'y trouver, ils y seront contraints par les voies indiquées par la loi.

« Et pour qu'ils n'en ignorent, je leur ai à chacun séparément, laissé copie de la dite cédule et du présent.

« *Signé* : Corpel.

« Enregistré gratis à Nogent-sur-Seine le 1er prairial an 2.

« *Signé* : Hurant (1) ».

1. Archives Nationales, W, 1 b, 381, pièce 60.

Nous n'avons aucune donnée sur le voyage, le séjour à Paris (qui dût être très court d'ailleurs) ni la déposition de tous ces témoins, les débats n'étant pas relatés dans l'extrait du procès-verbal de l'audience conservé aux Archives Nationales et n'ayant pas été rapportés dans les différents ouvrages et traités qui existent aux dites archives, ainsi qu'à la Bibliothèque Nationale, Lenôtre (*loc. cit.* p. 256) relate seulement, que souvent des témoins venus de province, étaient logés dans les prisons, à côté des détenus, pour leur éviter des frais de séjour, lequel d'ailleurs ne se prolongeait guère au delà d'un jour et une nuit. Tel pût être le cas de nos témoins de La Motte.

X

Jugement. Condamnation. Dénouement

Le 18 prairial (7 juin 1794) à 8 heures moins quelques minutes du matin, les gendarmes parisiens ouvrent les portes de la prison de la Conciergerie et font l'appel des 13 accusés ci-dessus, qui tous répondent à l'appel de leur nom, et sont amenés dans la salle d'audience du tribunal.

Nous empruntons à Lenôtre (*Le Tribunal Révolutionnaire* p. 120 et 121) le plan et la disposition de cette salle :

Le siège du tribunal était disposé de même façon que dans nos tribunaux actuels, en surélévation de la salle.

La table et le fauteuil de l'accusateur public étaient, aux pieds du tribunal, de niveau avec le prétoire.

Les accusés étaient placés sur des gradins à droite du tribunal, chaque accusé était entouré de deux gendarmes.

Lorsqu'il n'y avait qu'un accusé, il était placé dans un fauteuil, en face le tribunal près le banc des témoins. Tels furent le cas de Marie-Antoinnette, du général Custine, de Bailly, etc.

La table et les fauteuils des défenseurs étaient au pied des gradins, devant les accusés.

Les jurés étaient placés sur d'autres gradins, à gauche du tribunal et faisaient face aux accusés.

Devant les jurés et au pied de leurs gradins étaient la table et le fauteuil des greffiers.

La barre des témoins étaient en face du Tribunal, à l'extrémité des gradins, de sorte que les témoins, à l'inverse des juges, avaient à leur droite, les jugrés et les greffiers, et à leur gauche, les accusés et les défenseurs, et étaient vus, obliquement par les accusés et les jurés et de face par les juges et l'accusateur.

Derrière les témoins et toujours en face le Tribunal et l'accusateur, était l'enceinte réservée au public.

C'est dans ce cadre impressionnant, quoique d'une simplicité démocratique, que furent introduits nos deux infortunés, mais imprudents compatriotes, le 18 prairial, à 8 heures du matin.

Nous ne pouvions mieux rendre compte des débats et donner une idée approximative de la physionomie de l'audience, qu'en reproduisant le texte du jugement, lequel n'est cependant pas absent de lacunes, puisque les débats n'y sont pas reproduits.

« Procès verbal de la séance du Tribunal criminel révolu-
« tionnaire établi par la loi du 10 mars 1793 et en vertu de la loi
« du 5 avril de la même année, séant à Paris, au Palais de Jus-
« tice.

« Du 18 prairial, an II, heure de huit du matin (7 juin 1794).
« L'audience ouverte au public, le Tribunal composé des ci-
« toyens Pierre-André Coffinhal, vice-président ; Jean Ardouin
« et Etienne Masson, juges ; Antoine Quentin Fouquier, accusa-
« teur public et Anne Duray, commis-greffier.

« Les jurés de jugement au nombre de neuf.

« Ensuite ont été introduits à la barre, libres et sans fers, et
« placés de manière qu'ils soient vus et entendus du Tribunal et
« des auditeurs, les cy-après nommés, accusés :
« Mercier-Daubelille, Josselin, Bastin, Van den Dock, veuve
« Labatty, veuve Badel, Roussat, Rolland, Messager, Chade-
« baud, Vial, femme Vial et Hervieu.

« Et aussi Bautroux, avocat, défenseur officieux, qui a prêté
« le serment de n'employer que la vérité dans la défense des ac-
« cusés et de se comporter avec décence et modération.

« Ensuite les témoins ont été pareillement introduits.

« Le président, en présence de tout l'auditoire a fait prêter
« aux jurés individuellement, le serment : « Citoyen, vous jurez
« et promettez d'examiner avec l'attention la plus scrupuleus'
« les charges portées contre les accusés, présents devant vous,
« de ne communiquer avec personne jusqu'après votre déclara-
« tion, de n'écouter ni la haine, ni la méchanceté, ni la crainte
« ou l'affection, de vous décider d'après les charges et moyens
« de défense et suivant votre connaissance et votre intime con-

« viction, avec l'impartialité et la fermeté qui conviennent à un « homme libre ». Après avoir prêté ce serment, les jurés se sont « placés sur leurs sièges dans l'intérieur de l'auditoire, en face « des accusés et des témoins.

« Le président a dit à chaque accusé qu'il pouvait s'asseoir ; après quoi, il lui a demandé son âge, profession, demeure et lieu de sa naissance.

« A quoi il a répondu. . . . .

« Le président fait l'appel des accusés suivant l'indication de leur nom, âge, profession, lieu de naissance et demeure, et n'y ayant aucune observation de la part des accusés;

« Le président a averti chaque accusé d'être attentif à ce qu'il allait entendre, et il a ordonné au greffier de lire l'acte d'accusation. Le greffier a fait la lecture à haute et intelligible voix. Le président a dit à chaque accusé : « Voilà de quoi vous êtes accusé, vous allez entendre les charges qui vont être produites contre vous ».

« Le président a fait appeler les témoins l'un après l'autre, pour faire leurs déclarations et il leur a fait prêter individuellement le serment : « Vous jurez et promettez de parler sans haine « et sans crainte, de dire toute la vérité et rien que la vérité »

« Ensuite il a demandé aux témoins qui ont été présentés, leurs noms, demeures, professions. S'ils sont parents, amis, alliés, serviteurs ou domestiques des accusés, ou de l'accusateur public, si c'est de l'accusé présent devant eux qu'il leur a fait examiner, qu'ils entendent parler, et s'ils le connaissaient avant le fait qui a donné lieu à l'accusation, à quoi les dits témoins ont répondu comme il est dit ci-dessous (1) : . . . . . .

« Les débats et les pièces donnent lieu à différentes interpellations tant de la part des juges que de l'accusateur public et des jurés.

« Sur quoi le Tribunal, vu :

« L'ordonnance de prise de corps par lui rendue le 22 floréal.

« La déclaration du jury faite individuellement à haute et intelligible voix à l'audience publique, portant qu'il a existé une conspiration contre la sûreté et la souveraineté du Peuple Français, tendant à anéantir la liberté, à dissoudre la représentation nationale et à rétablir la Royauté en France, et pour la faire réussir il a été entretenu des intelligences et correspondances avec les ennemis extérieurs de la République, pour faciliter leur entrée dans le territoire français, il a été tenu des propos tendant à soulever le Peuple contre les autorités constitutives et fait des protestations contre les décrets qui anéantisssaient la royauté.

« Que Charles-François Mercier-Daubelille, Thomas Roussat,

1. Il y a là une seconde lacune dans la minute du jugement qui a été conservée aux Archives Nationales. La déposition des témoins n'y figure pas.

Jean Rolland, Jean Van den Dock, Jacques-Dauphin Chadebaud Angélique Jacquemont, veuve Badel, Victoire Leclerc, veuve Labathie, Nicolas Vial, Denise Elisabeth Marchais, femme Vial, sont tous auteurs ou complices de cette conspiration.

« Que François Josselin, Isidore Bastin, Jean Messager et Jean-Baptiste Hervieux ne sont pas complices de ladite conspiration.

« Le Tribunal, après avoir entendu l'accusateur public sur l'application de la loy.

« Condamne lesdits Mercier-Daubelille, Roussat, Rolland, Van den Dock, Chadebaud, veuve Badel, veuve Labathie, Vial et sa femme, à la peine de mort, conformément à l'article 4 de la première section, du titre premier de la deuxième partie du Code pénal, dont il a été fait lecture, lequel est ainsi conçu :

« Toute manœuvre, toute intelligence avec les ennemis de la « France, tendant, soit à faciliter leur entrée dans le territoire « français, soit à leur livrer des villes, forteresses, ports, vais- « seaux, magasins ou arsenaux appartenant à la France, soit à « leur fournir des secours en soldats, argent, vivres ou muni- « tions, soit à favoriser d'une manière quelconque le progrès de « leurs armes sur le territoire français ou contre nos forces de « terre ou de mer, soit à ébranler la fidélité des officiers, soldats « ou autres citoyens envers la Nation Française, seront punis « de mort. »

« Et encore conformément à l'article unique de la loy du 4 décembre 1792 (vieux style) dont il a aussi été fait lecture, lequel est ainsi conçu :

« La Convention décrète que quiconque proposerait ou tente- « rait d'établir en France la Royauté ou tout autre pouvoir atten- « tatoire à la souveraineté du Peuple, sous quelque dénomina- « tion que ce soit, sera puni de mort ».

« Déclare les biens des dits condamnés acquis à la République conformément à l'article deux du Titre 2 de la loy du 10 mars dernier (vieux style) dont il a été fait lecture, et lequel est ainsi conçu :

« Les biens de ceux qui seront condamnés à la peine de mort « seront acquis à la République et il sera pourvu à la subsis- « tance des veuves et enfants s'ils n'ont pas de biens ailleurs ».

« Acquitte François Josselin, Isidore Bastin, Jean Messager et Jean-Baptiste Hervieux.

« Ordonne qu'ils seront, sur-le-champ mis en liberté, s'ils ne sont détenus pour autre cause.

« Ordonne qu'à la diligence de l'accusateur public, le présent jugement sera mis à exécution dans les 24 heures, sur la place de la Révolution de cette ville, imprimé, publié et affiché dans toute l'étendue de la République.

« Fait et prononcé le 18 prairial, l'an deuxième de la République Française, une et indivisible, à l'audience publique du Tribunal à laquelle siégeaient les citoyens Pierre-André Coffinhal, vice-président, Jean Ardouin et Etienne Masson, juges, qui ont signé avec le commis-greffier.

« *Signé :* Coffinhal, E. Masson, Ardouin, Duray, commis-greffier » (1).

Aussitôt le prononcé de l'arrêt, les prévenus acquittés, sauf Bastin qui était retenu pour autre cause, quittent l'audience, au milieu des acclamations du public. Quant aux condamnés, l'air hébété, semblant ne pas comprendre, n'avoir pas conscience de ce qui vient de se passer, ils se laissent reconduire par les gendarmes, sans protestation, sans plainte, à peine un gémissement, un sanglot, tandis que le groupe, parmi lequel sont trois femmes, disparaît dans les escaliers de pierre et les couloirs et galeries redescendant vers la Conciergerie (2).

C'est le dernier séjour, et de quelques heures seulement, dans la prison. Sur les cinq heures du soir, les guichetiers en ouvrent les portes, un huissier chargé de faire exécuter l'arrêt, flanqué de gendarmes, fait l'appel des condamnés qui y répondent d'un air qui paraît automatique et inconscient, le bourreau et ses aides sont présents et procèdent à leur toilette en leur liant les mains derrière le dos et sous l'escorte des gendarmes et l'œil de l'huissier, les font monter dans les charrettes qui attendent à la porte (3)

Chaque charrette renfermant habituellement cinq ou six condamnés et ceux-ci étant au nombre de neuf, il dut être employé deux charrettes. Roussat et Rolland étaient numérotés 2 et 3 de la condamnation, se trouvaient forcément dans la première. Deux gendarmes prenaient place dans chaque charrette. Un à l'avant, l'autre à l'arrière. Les condamnés étaient adossés aux ridelles, trois ou quatre de chaque côté.

Ce funèbre cortège se dirige donc vers la Place de la Révolution, par le trajet habituel du Pont au Change, les quais, la rue du Roule, la rue Saint-Honoré, la rue Royale et la place. Arrivé là, l'exécuteur fait descendre les condamnés des charrettes et les fait ranger au pied de l'échafaud, en lui tournant le dos par mesure humanitaire, de façon que chacun n'ait pas sous les yeux le spectacle terrifiant de voir ceux qui étaient exécutés avant

1. Lenotre, *la Guillotine*, p 172.
2. Archives Nationales, W I b, 381 p. 172.
3. La veuve Labathie s'étant déclarée enceinte ne fut pas exécutée.

lui (1). Puis ses aides leur font successivement gravir les 10 ou 12 degrés qui conduisent à la plate-forme et l'exécution a lieu sans désemparer au fur et à mesure qu'ils y arrivent.

L'huissier dresse ainsi procès-verbal :

« L'an second de la République Française, le 18 prairial, à la « requête du citoyen accusateur public près le Tribunal Révolu- « tionnaire établi au Palais de Paris, par la loi du 10 mars 1793, « sans aucun recours au Tribunal de Cassation, lequel fait élec- « tion de domicile au greffe dudit Tribunal, séant à Paris, l'huis- « sier-audiencier soussigné s'est transporté en la maison de jus- « tice pour l'exécution du jugement rendu par le Tribunal contre « Charles-François Mercier-Daubelille, Thomas Roussat, Jean « Rolland, Jean Van den Dock, Jacques-Dauphin Chadebaud, « Angélique Jacquemont, veuve Badel, Nicolas Vial et Denise- « Elisabeth Marchais, femme Vial, qui les condamne à la peine « de mort, pour les causes énoncées audit jugement, et de suite, « je les ai remis à l'exécuteur des jugements criminels et à la « gendarmerie qui les a conduits sur la place de la Révolution, « où, sur un échafaud dressé sur la dite place, les sus nommés, « en notre présence, ont subi la peine de mort. Et de tout ce que « dessus, ai fait et rédigé le présent procès-verbal.

« *Signé :* Chateau, huissier-audiencier (2) ».

Les corps des suppliciés furent inhumés au cimetière dit de Mousseaux ou des Errancis. Ce cimetière était situé entre le parc Monceau et le haut de la rue du Rocher qui s'appelait alors rue des Errancis et s'appuyait sur le mur d'enceinte, aujourd'hui boulevard de Courcelles. C'est là qu'un mois auparavant avaient été inhumés M. et Mme Terray.

Tel fut le dénouement tragique de ce drame.

Roussat nous semble avoir été une victime indirecte de l'intendant Lefebvre, qui s'était employé à monter les têtes du personnel du château contre la Révolution. Nous l'avons déjà dit, et, ce qui nous porte davantage à le croire, c'est que le 13 octobre 1793, les Comités réunis de Provins, décernaient mandat d'arrêt contre Lefebvre et Roussat, simultanément par ordre du représentant du Peuple Dubouchet en mission dans cette ville. Ce mandat fut caduc à l'égard de Roussat qui était détenu Nogent depuis huit jours, et de Lefebvre qui s'empressa avec habileté d'émigrer.

1. Lenotre. *La Guillotine*. p. 172.
2. Archives Nationales. W, 1. b. 181, p 88.

XI

Epilogue

Il existe encore à La Motte et à Nogent, où ils occupent des situations honorables, des habitants du nom de Roussat. Sont-ils des descendants de la victime de notre drame? Nous l'ignorons. Nous savons seulement qu'il laissa un fils et deux filles.

Nous avons dit que, d'après la tradition, la femme de Rolland avait suivi son mari à Paris, emmenant avec elle ses deux enfants, âgés de cinq et six ans, espérant, par eux, apitoyer les autorités judiciaires. Elle dut en avoir la pensée, mais à vrai dire, nous concevons difficilement comment ces deux enfants auraient pu faire ce voyage, le trajet ayant été effectué à pied, par étapes. Nous croyons plutôt qu'ils furent laissés à La Motte à la garde de leurs autres parents. Quoiqu'il en soit, elle dut revenir à La Motte aussitôt après l'accomplissement du drame. En tous cas, elle y résidait sous l'Empire. Elle y vécut jusqu'à un âge fort avancé et y mourut le 5 mars 1842, âgée de 88 ans, chez les époux Pasquier, ses gendre et fille. L'acte de son décès fut dressé sur la déclaration de Pierre-Marie-Constant Pasquier, son gendre, alors âgé de 48 ans, garde champêtre de la commune.

Les deux enfants des époux Rolland-Party, étaient une fille Marie-Marguerite-Aimable, né le 30 octobre 1788, et un fils, Jean, né le 13 juillet 1787, qui eut pour parrain Thomas Roussat lui-même, et pour marraine Victoire Fournier, épouse de Rodolphe Bureau, maître jardinier du château.

La fille épousa vers 1815, Pierre-Marie-Constant Pasquier, journalier à Nogent, pour aller habiter Nogent, où elle donna naissance à une fille à la fin de 1815. Les époux Pasquier-Rolland, allèrent ensuite habiter Paris, où il leur naquit un fils, Pierre-Joseph, le 13 octobre 1819. Quatre ans après, ils étaient revenus à La Motte où un second fils Louis Charles, leur naissait en 1828 et qu'il ne quittèrent plus désormais. Il y décédèrent, le mari, à une date que nous ignorons, mais postérieure à 1842, et la femme en 1876, à l'âge respectable de 88 ans. Leurs fils étaient doués, eux aussi, d'une longévité remarquable. Il nous a été donné de rendre visite et faire la connaissance, et lier conversation avec Pierre-Joseph, l'aîné, en compagnie de notre archiviste Boutillier du Retail, en novembre 1913 ; il était alors le doyen de la commune et âgé de 94 ans. Il est mort le 16 janvier 1915, dans sa 96e année. Le second, Louis-Charles, est mort à Courceroy le 13 janvier 1917, à l'âge de 94 ans.

Quant au fils, Jean, resté célibataire, il habita constamment La Motte. Comme le dit la pétition de 1793, la nature ingrate envers lui, l'avait dépourvu d'intelligence, au point qu'il était incapable de se livrer à un travail quelconque ; nous l'avons connu dans notre tout jeune âge ; c'était un malheureux vieillard, que nous nous rappelons avoir vu venir mendier son pain chez nos parents à Fontenay ; il était chaussé de gros sabots, dits sabots mayeux, vêtu d'une longue blouse de toile bleue, et coiffé d'un vieux chapeau de feutre mou, noir, à larges bords ; il portait toujours au bras un panier d'osier, ovale, qui s'ouvrait par deux couvercles à chaque bout, et à la main un gros bâton à poignée recourbée, pour se défendre contre les chiens qui ne manquaient jamais d'aboyer à son entrée dans les cours de ferme. Il mourut chez la veuve Pasquier, sa sœur, qui l'avait recueilli, le 3 février 1867, âgé de 77 ans.

La maison qu habitait Rolland, nous paraît bien avoir fait partie de la propriété où habitent maintenant les Pasquier ses descendants, située dans une cour commune ouvrant sur la rue qui conduit à la grande route à l'ouest de cette rue. Cette maison provenait de la famille Party, et c'est là qu'ont dû, vraisemblablement habiter tous les membres de cette famille aux siècles derniers.

---

§ III

Procès de Joseph Marteau

Joseph Marteau, célibataire, né à Scé-sur-Saône (Haute-Saône) en 1761, était entré au service de M. et Mme Terray, comme postillon en 1782 Il avait un frère, Charles, employé dans les bureaux de la liquidation générale à Paris, où il habitait Pont Saint-Michel, n· 6, et une sœur, Anne-Marie, qui était fruitière rue Saint-Antoine, 38, puis rue de Montreuil, 40.

Subissant, au premier chef, l'influence néfaste de Lefebvre, Marteau déblatérait à tout venant contre la Révolution. Ses propos *défaitistes* avaient irrité bien des patriotes qui se taisaient néanmoins. Mais quand arriva la période aiguë de la Révolution les langues se délièrent et les dénonciations s'abattirent sur lui.

La première fut faite le 27 prairial, an II, dans les jardins mêmes du château, à l'administrateur du district, Gabriel Désert, cultivateur à Beaulieu, qui en inventoriait le matériel et au garde-magasin Lachausse, de Nogent, délégué pour l'assister par Pierre Launay, jardinier-fleuriste de la propriété, et réitérée le même jour devant le Comité révolutionnaire de La Motte. Elle portait que Marteau avait, en 1792, dressé un beau cheval, et qu'il avait déclaré que ce cheval était destiné au maréchal de Brunswick.

Le Comité fit de suite mander Marteau, et malgré ses dénégations, le fit arrêter sur-le-champ, incarcérer en la chambre de sûreté de la commune, et conduire le lendemain à la maison d'arrêt de Nogent, par Cain, chef de la garde nationale de la commune.

Les autres dénonciations arrivent au Comité de Nogent, les jours suivants.

Par Edme Lautelet, cordonnier à Nogent :

« Dans le courant de la Révolution, j'ai entendu Joseph Mar-
« teau dire que nous n'aurions jamais le dessus, que les maîtres
« seraient toujours les maîtres, et d'autres propos ironiques ».

Par Madin l'aîné, marchand à Nogent :

« Me trouvant chez Joseph Bertin, aubergiste, Joseph Marteau
« est entré, auquel j'ai demandé s'il avait de bonnes nouvelles,

« à quoi Joseph a répondu qu'elles ne seraient pas toujours « bonnes pour nous ; vous verrez, vous verrez.... a-t-il dit ! Il a « toujours passé pour un aristocrate ».

Par Foizard, cordonnier, officier municipal à Nogent :

« Il y a environ deux ans, Joseph Marteau m'a dit qu'il parie« rait bien cent louis, qu'avant deux mois, les patriotes seraient « f.... »

Ces dénonciations suffirent à l'agent national et aux administrateurs du district, pour remettre Marteau entre les mains de l'accusateur public près le Tribunal Révolutionnaire, à qui ils font délivrer en même temps, copie des dénonciations.

Marteau est conduit à Paris par deux gendarmes de Nogent, dans une voiture attelée d'un cheval. Parti de Nogent le jour même 10 messidor, il arrive à Paris le 12, le même jour l'accusateur public dressa contre lui son réquisitoire et le surlendemain, 14 messidor, sur ce réquisitoire et l'avis unanime du jury le Tribunal le condamnait à la peine de mort, ordonnait que l'exécution eut lieu dans les 24 heures, sur la place dite « Barrière-Vincennes », connue auparavant sous le nom de « Barrière du Trône » et aujourd'hui sous celui de « Place de la Nation ».

L'exécution eut lieu le même jour, sur cette place, ainsi que l'atteste le procès-verbal dressé par l'huissier-audiencier Leclère à cette date même (1).

Marteau, comme tous les condamnés qui étaient exécutés sur cette place, fut inhumé au cimetière de Picpus, où quarante ans plus tard le fût Lafayette.

---

1. Archives Nationales, W 403, p. 72.

APPENDICE

Les Juges

Nous avons fait connaître, autant que possible, les personnages qui furent mêlés à ces procès, tant à la Motte qu'à Nogent. Disons un mot pour terminer, sur ceux qui y furent mêlés à Paris, c'est-à-dire les magistrats qui y présidèrent.

Siégeaient dans le procès de M. et Mme Terray :

René-François Dumas, président, Gabriel Deliège et Antoine-Marie Maire, juges.

Dans celui de Roussat et Rolland :

Pierre André Coffinhal, vice-président; Jean Ardouin et Etienne Masson, juges.

Et dans celui de Marteau:

Marc-Claude Naulin, vice-président ; Charles Harny et Charles Bravet, juges.

Le président Dumas était né à Jussey (Haute-Saône), en 1757, il avait donc 37 ans en 1794. Dans son pays on l'appelait Dumas le Rouge, à cause de la couleur de ses cheveux et de la rousseur de son visage et de ses mains. D'abord au séminaire, puis chez les Bénédictins, il rompit ses vœux avant d'avoir reçu les ordres. Il fut nommé vice-président du Tribunal en octobre 1793, et lorsqu'en avril 1794, le Tribunal fut divisé en deux chambres il fut nommé président de l'une d'elles. Il habitait en 1789, rue des Prouvaires ; en juin 1793, rue Richelieu, 55 ; puis rue de Beaune, et en dernier lieu, rue de Seine.

Deliège avait été député à la Législative et était président du Tribunal de Châlons sur-Marne, lorsqu'il fut appelé à celui Révolutionnaire.

Maire était avocat au Parlement avant 1789 ; à la suite il fut nommé juge au Tribunal du premier arrondissement, fonction qu'il occupa jusqu'en 1793.

Coffinhal était clerc de procureur au Chatelet. Il avait déjà fait partie, en qualité de juge, du premier tribunal révolutionnaire, institué par les Girondins sous le règne de la Législative, le 16 août 1792, et qui n'eût qu'une existence éphémère. C'était un homme de 31 ans, étant né à Aurillac en 1762, grand et robuste comme un hercule, avec des yeux noirs et d'épais sourcils, un teint mat et une voix retentissante. Il avait été successivement médecin, avocat, commissaire de district à Saint-Louis en l'Isle où il habitait rue Le Regrattier, enfin commissaire national près le Tribunal du premier arrondissement. C'est là qu'il était lorsque la Convention l'appela à la vice-présidence du terrible tribunal. Il ressemblait moins à un juge qu'à un soldat et, selon l'expression d'un grand historien, sa place eût été sur les champs de bataille, si les champs de bataille alors, n'eussent été partout.

Ardouin était notaire à Parthenay et avait été maire de cette ville en 1790 et 1792 ; il avait été dépouillé d'une grande partie de ses biens, par les Chouans, lors du soulèvement de Vendée.

Masson était maître cordonnier à Lyon et s'était fait remarquer en apportant un appui utile aux troupes républicaines lors de la reprise de cette ville. Lenôtre le représente comme un ami de Robespierre, sans pourtant apporter aucune citation à l'appui. Le Directeur des Postes de Lyon, Pillot, lui écrit à l'occasion de son avènement à la magistrature : « Je te donne comme mo-
« dèle le Tribunal de Lyon. Tu serais émerveillé de lui voir dé-
« ployer le caractère républicain ; qu'il condamne ou qu'il inno-
« cente, tous ses jugements sont rendus à la face du Peuple ».

Nous manquons de renseignements sur l'origine de Naulin, Harny et Bravet.

L'intéressant historien contemporain Lenôtre, d'accord en cela avec Aulard, nous les représente, ainsi que Maire, comme doués d'une grande sensibilité. Ils étaient ainsi souvent portés à une clémence qui, en tout autre temps, aurait été qualifiée d'humanité, mais qui, dans les transes que traversait la France, était susceptible de passer pour de la faiblesse.

Au 9 thermidor, Dumas et Coffinhal furent mis hors la loi comme amis de Robespierre. Dumas fut guillotiné avec lui le lendemain, sur la place de la Révolution. Coffinhal s'était réfugié dans l'île des Cygnes, à Grenelle, où il resta caché huit jours et réduit à manger des racines d'arbres. Epuisé, il se réfugia chez un ami qui, craignant pour sa tête, le trahit et le livra. Son identité constatée par le Tribunal qu'il présidait huit jours auparavant, il fut exécuté aussitôt.

Sous l'empire de la réaction thermidorienne, le Tribunal révolutionnaire fut reconstitué, dans le sens du nouveau courant politique ; les membres de l'ancien tribunal furent traduits, sous l'inculpation d'avoir prévariqué de leurs fonctions, devant le nouveau, présidé par le royaliste Liger de Verdigny. Le procès commencé le 29 mars 1795 ne se termina que le 6 mai.

Deliège, Maire, Naulin, Harny, parurent sur les gradins avec leurs anciens collègues et l'ex-accusateur public Fouquier-Tinville. Tous quatre furent acquittés avec un de leurs collègues nommé Sohier, et dix des ex-jurés.

Les autres, au nombre de 14, furent condamnés à mort et exécutés le lendemain, avec Fouquier, sur la place de l'Hôtel-de-Ville où l'échafaud avait été exprès transporté.

Bravet avait échappé par la fuite.

Ardouin et Masson ne furent pas inquiétés.

Ces condamnations revêtirent beaucoup le caractère d'actes de vengeance des royalistes et des Girondins contre les Montagnards.

TABLE DES MATIÈRES

IMP. LEGROS, CHATILLON-SUR-SEINE

www.ingramcontent.com/pod-product-compliance
Ingram Content Group UK Ltd.
Pitfield, Milton Keynes, MK11 3LW, UK
UKHW022135260726
13993UKWH00003B/1455

9 782329 197500